시와 함께 읽는 에세이

이쯤에서 쉼표 하나

· 민만기 에세이 ·

문학공원 수필선 75 시와 함께 읽는 에세이

이쯤에서 쉼표 하나

· 민만기 에세이 ·

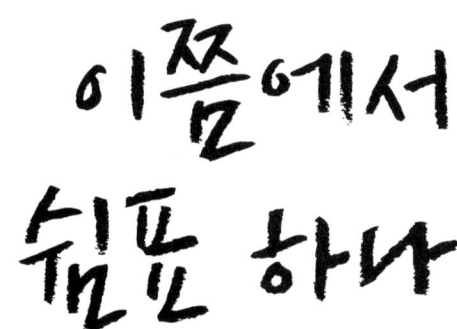

문학공원

책을 내면서

"내가 벌써 오십이 되었어. 이런 날이 이렇게 빨리 올 줄 몰랐는데, 이뤄 놓은 건 없고 어머니는 벌써 여든이야."

집안 친척의 결혼식에서 서빙을 할 때 집안의 어느 어르신이 말씀하셨다. 삼십 년도 넘은 일이다. 잔치 국수 서빙을 하던 삼십을 바라보던 청년은 이제 환갑이 넘었고, 그분은 오십대가 무척이나 부러운 건강 걱정하던 어머니 나이가 되었다. '가지 않으면 세월이 아니고 늙지 않으면 사람이 아니다.'라고 했던가!

내게도 그분에게도 그분 어머니에게도 공평하게 흘러간 세월. 그 삼십 년 넘는 세월 동안 나는 참 어설프게 살았다. 한 분야에서 우뚝 선 '~가'도 아니고 조직 구성원으로서의 '~원'도 아니면서. 뭔가를 할 줄은 알되 전문적이지 않은 어설픔으로 점철된 육십 년 세월. 자아성취가 아니라 자기도취에, 부단히 자신을 합리화해가며 변명하느라 보내버린 시간들. 남들도 다 그렇게 사는지 모르겠다. 그렇다손 치더라도 부끄러움은 오롯이 내가 감당해야 할 몫이 아니겠는가. 아무리 삶은 결과가 아니라 과정에 있다고 하더라도 말이다.

틈틈이 페이스북에 글을 올렸다. 필연적으로 어설픔이 배어나는 필력. 잘 써진 세련된 글과 비교되는 정제된 단어를 사용하지 못한 투박한 글. 잘 써야 한다는 강박감과 의지를 따라가지 못하는 능력이 빚어낸 부조화.

수필 몇 편을 제외하고는 모두 페이스북에 올린 글에 내 생각을 덧씌워 쓴 장르 불명의 글이다. 시도 수필도 아닌, 그냥 어설픈 글. 열두 달은 특별할 것도 없는 시 형식의 묘사고, 사계 중에 「봄」은 쓴 지가 20년도 넘은 글인데 구색을 맞추느라 나머지 세 계절을 써보았다. 겨울을 완성하기가 제일 힘들었다.

이쯤이 어디쯤인지 언제쯤인지 모른다. 다만 '다'라는 음절로 문장을 끝맺기 전에 쉼표 하나쯤은 들어가야 문장이 제맛이 아니겠는가! 그렇다고 쉼표를 위해 억지로 문장을 손보지는 않았다.

보잘것없는 글 모음이지만 그래도 살아가면서 사유와 사색 통찰과 경험으로 이어진 삶의 기록이다. 달은 경회루에만 뜨는 것도 아니고 경포대의 달만 아름다운 것도 아니다. 앞마당 쌀뜨물 위에도 달은 뜬다. 한 갑자 넘게 갖은 풍파를 겪은 필부의 기록을 읽고 누구든 자신의 기록을 책으로 펴낼 용기를 가졌으면 좋겠다.

차례

책을 내면서   5

1부
사계

봄 그리고 또 봄   14
여름   18
가을 이야기   22
겨울   26

2부
페이스북

마라톤   32
엄나무밭에서   37
나는 사진이 싫다   42
또 이렇게 한 달이 지나가네   45
아름다움은 결코 오래 가지 않는다   48
인생 고속도로   51
모스크바 시민합창단   54
그 반갑던 풀이   58
찌푸린 하늘   61

마담 맥베드	64
메디슨 카운티의 다리	67
브렉시트냐 브리메인이냐?	70
독서 모임	73
이렇게 비가 내리는 날이면 술을 마실 …	77
애처가 분류법	80
도시에 내리는 비	84
페이스북	87
술이 흐르는 강가에서	90
석탄발전소 반대 집회	95
석탄발전소	100
늦더위	103
장현 가는 길	107
가버린 친구를 생각하며	111
늦은 비	114
이 땅의 아버지	117
새벽 보름달	122
긴 시간	124
주무시는 어머니를 보며	129
오십 중반	132
천 원짜리	136
커피	140

차례

3부
열두 달

1월	144
2월	146
3월	148
4월	150
오월	152
유월은 권태다	154
7월	156
8월	158
9월은 파란 갈등이다	160
시월	162
스산한 11월	164
12월	166

**4부
법과 도덕 사이**

어버이날	170
스승의 날에	174
법과 도덕 사이	178
인간적인 것	183
캐스트러의 신 포도	189
수돗가에서	193
자존심에 대하여	197
그 마당	203
시대의 소음	205
우리 사는 세상	210
바보 빅터	215
에필로그	220
발문 / 김순진 문평론가	222

1부
사계

봄 그리고 또 봄

'구구소한도(九九消寒圖)'라는 그림이 있다. 옛 선비들이 동짓날이 되면 구구 팔십일 여든한 송이의 매화를 그려놓고 하루가 지날 때마다 하얀 매화에 하나씩 붉은 칠을 하며 함께 봄을 기다리던 그림. 동지 지나 팔십일 정도면 삼월 중순쯤 될 터이니 그때가 바로 봄 아닌가! 하루하루 한 송이 한 송이를 붉은색으로 정성 들여 채색했을 옛 선비들의 운치 있는 기다림 끝에 찾아온 봄.

새봄의 아름다움을 생동감 있게 표현한 비발디의 바이올린 협주곡 '사계'. 봄이 주는 감동을 제대로 느끼려면 '봄'부터 순서대로 들을 게 아니라, '겨울'을 먼저 듣고 나서 '봄'을 들을 일이다. 빙판이 되어버린 길에서 미끄러지고 넘어지지 않으려는 모습을 묘사한 2악장. 미끄러지지도 넘어지지도 않고 무사히 집에 들어와서 난로 앞에 앉아 긴장을 푸는 모습을 표현한 3악장 라르고. 이 두 악장을 먼저 듣고 나서 '봄'을 들으면 '사계'의 도입부에 숨어있는 새소리, 나비, 꽃향기의 아름다움을 새롭게 음미할 수 있을 것이다. 눈부시게 화사하고 우아한 목련처럼 비발디의 사계에 녹아있는 봄.

자살률이 가장 높다는 오명을 가지고 있는 계절 봄. "겨울이면 봄도 멀지 않다."는 영국 시인 셀리의 말을 위안 삼아 추위와 배고픔을 견뎌왔는데 겨울 다음의 이 계절은 왜 이리도 시리고 힘겨운가! 한기를 대신한 훈풍에서도 여전히 희망이 없음을 확인하고는 생을 마감한, 소녀 가장의 눈에 고인 잿빛 하늘의 봄. 인류라고 불리기도 어설픈 원시인들이 동굴 속에서 밖을 내다보며 기다리던 봄. 추위도 배고픔도 '봄이 오지 않을 수도 있다.'는 두려움에 비하면 아무것도 아니었으리라. 겨우내 어딘가에 숨어서 있는지 없는지 올 것인지 말 것인지 원시인들을 애타게 하던 계절 봄.

머리에 인 아스팔트가 아무리 무거워도 그 빈틈 어딘가를 뚫고 나오는 이름 모를 잡초로부터 다가오는 봄. 언제 봐도 바쁘기만 한 개미들이 자신들의 페로몬으로 보도블록 사이를 장식하는 봄, 개미들에게 봄은 하데스에게서 벗어나 데메테르에게 안기는 계절이다. 이제는 나물 캐는 바구니 대신에 식탁 위의 상큼한 맛으로 남아있는 들녘의 봄. 우리에게 소중한 것은 모두 한 자로 되어 있다. 몸, 물, 불, 땅과 같이 유일하게 한 음절로 되어 있어 그 의미를 더해가는 계절 봄. 아이들 사교육비에 오르는 물가에 어깨 펴기 힘든 주부가 줄어드는 난방비에 올라가는 자동차 연비에 기분 좋아서 찬물에 손 담그다가 감기 드는 계절. 식민지 백성들의 빼앗긴 들에도 40여 번 다녀갔던 암울한 봄. 해방둥이 아저씨들의 주린 배를 더욱 고프게 했던 보릿고개로 찾아왔던 봄. 초등학교 2학년이 되는 딸아이가 초등학생이 된다는 설레임에 가방을 메어보고 내려놓기를 반복하던 작년 이맘때의 봄.

나이를 '방년'으로 세던 시절이 언제였던가! 이제는 이름 석 자보다는 누구 엄마로 불리는 것이 더 자연스러운 아내의 머리 위에 조금은 무겁게 내려앉은 봄. 지난 한 해, 이룬 것 없이 나이테만 하나 더 그려 넣었다는 허무함에, 봄을 맞아 들 뜨지도 않는 서글픔이 더해지는 중년 아저씨의 봄. 겨우내 사랑방에서 화롯불 뒤척이던 촌로(村老)가 설레임과 긴장감으로 맞이하는 봄. 농부로서 할 일이 생겼다는 자긍심과 노인으로서 '올해도 수확을 볼 수 있을까?'하는 불안감이 교차하는 계절. 신록의 푸르름이 아니라 노란색으로 다가오는 도시의 봄. 겨우내 볼 수 없었던 노란색 옷을 대학 새내기들의 T셔츠에서 쉽게 찾아볼 수 있는 계절. 이 집 저 집의 담장 사이에서, 전철이 지나가는 철로 옆에서, 노랗게 피어나는 개나리꽃을 타고 오는 도시의 봄. 꽃 진 자리에 돋아나는 푸른 잎은 뿌연 황사만큼도 관심을 끌지 못하는 슬픈 개나리의 계절 봄.

만일 내가 봄을 그린다면 파스텔화로 그리고 싶다. 봄바람에 빛이 바래고 바랜 부분부터 여름으로 물들 것 같은 담백한 파스텔화의 봄. 오래 기다리게 하더니 언제 왔는지 모르게 다가와서는 언제 가는지도 모르게 사라져 여름으로 자리바꿈한 계절 봄. 마치 시작되는 순간 완성되고 완성되는 순간 사라지고 마는 예술, 춤 같은 봄.

여름

기다리지 않는 계절이다.

그저 봄의 끝에서 하품 한 번으로 와버린. 신록을 대신한 녹음이 지루하도록 눈이 시린. 모든 생명을 키우는 노고가 더위에 묻혀버리는. 심어놓은 모 위에 뿌려지는 벼로 성장을 재촉하는 폭염의 계절.

돌로 바위를 친다면 불꽃이 불이 될 것 같은 더위. 가을 기다리다 지쳐버린 기다린 적 없는 계절. 아무 데서나 아무렇게나 돋아나는 그 아무것도 아닌, 그렇게 반갑던 풀이 이제는 지겨움이 되어버린 계절. 차에서 사무실까지 그 짧은 거리에 농축된 세 달의 열기. 하지 지나 길어지는 밤이 푸르고 무겁게 깊어가는, 숨소리마저 끈적이는 기다리지 않는 계절이다.

저평가된 계절이다.

기다리고 노래하는 왼쪽과 반갑고 넉넉한 오른쪽 사이에 끼인, 경계조차 불분명한. 아직 다 자라지 못한 풋감이 태풍에 떨어져 나뒹구는. 동지 기다리던 마음과 너무도 비교되는 높이 뜬 태양의 계절.

줄었으되 줄지 않은 낮에 묻어나는 태양의 광기. 덥지 않아도 비가 오지 않아도 걱정인 것을 습기에 곰팡이만 생각나는. 감자 삶아내고 옥수수 쪄내는 냄새마저도 한낮의 뜨거움에 묻혀버리는. 색깔마저 지루하고 무거운 말잠자리가 높지도 낮지도 않게 비행하는 계절.

동해에서 빨아들인 빨간 사과와 청포도를 익게 하는 창조주의 은총마저, 서해 낙조에 빨리 사라지기를 바라는 저평가된 계절이다.

불공평한 계절이다.

내리는 비조차 자리 지키지 못하고 아래로 아래로만 그렇다고 바닷물 느는 것도 아니던데. 더위 피해 새벽에 괭이 쥔 농부 이마에 흐르는 땀 흘리는 눈물. 사무실에 내려앉은 가을 숨소리에 행인들이 마시는 짙은 회색의 여름 아닌 열기. 싫은 더위는 피하면 그만인 것을…. 그마저도 쉽지 않은!

더위 피해 뉴질랜드 간 졸부의 겨울 반대 계절. 반지하에서 눅눅한 열기 계속 순환시키는 독거노인에게 난방비 걱정하던 시절이 그리운 계절. 군대 간 아들 총과 전투복의 무게가 가장 무거운. 에어컨이 떨어뜨린 실내 온도마저도 짙은 회색의 권태.

포근하길 기대하던 겨울? 아무리 무덥고 지루해도 그저 지나가길 바라고 견뎌야 하는 불공평한 계절이다.

무서운 계절이다.
선택되지 않은 식물에 가해지는 백색 테러. 당겨와 버린 가을에 오열하는 누런 주검의 여름. 월척의 붕어도 개울가 산책로에 밀어내고 떠내려간 집중호우의 무심한 폭력. 바람 아닌 태풍이 반도를 찢어놓는. 짧은 안식마저 박탈하는 잠 못 드는 긴 밤의 잔인한 고문. 빼앗긴 한여름 밤의 꿈. 잠도 꿈도 없이 다음날을 맞이하는 환한 여명의 흰색 공포.

버스 정류장에서 집까지 200m 그 길지 않은 거리에 펼쳐진, 초가을 지나 중복으로 거꾸로 달리며 저녁마저 빼앗아 간. 하루가 서른 시간 같은 폭발 직전의 시한폭탄처럼 보이는.

치맥으로 달랜 일의 스트레스도 오늘 같을 내일에 체념하고 마는 무서운 계절이다.

여름은 권태다. 초록빛 권태.
장마가 지루해도 비가 오지 않아도. 여름휴가를 다녀와도 출발 전과 같은. 여름을 기다린 이가 있다 하더라도. 저평가되지도 불공평하지도 않으며 무서운 계절이 아니라고 할지라도.

여름은 권태다. 보내기 쉽지 않은 불청객 같은. 그 권태마저 선망이 되는 한겨울에나 그리운….

가을 이야기

저 파아란 가을 하늘을 볼 수 없다면, 넓적한 잎에 마음까지 편안해지는 뜰 안 후박나무가 갑자기 나목이 되어 겨울이 왔음을 알린다면, 있는 듯 아닌 듯 가을이 짧게 다녀간다면, 여름은 겨울을 겨울은 여름을 서로를 향해 원망을 쏟아 내리라.

끈적이던 권태가 숨 참고 기다리며 맞이한, 풍요를 만끽할 겨를도 없이 준비해야 하는 분주함. 말끔히 치워지지 못한 공간을 새로 차지하는 새 주인의 찜찜함. 가을의 빈자리가 가을[秋]의 마음[心]마저 데려간다 해도 근심[愁] 없이 바뀌어버린 계절은 한겨울 흰 눈에 가을을 품고 내내 그리워하리라. 더없이 높고 파아랗던 하늘을. 넓적한 후박나무의 갈색 잎과 함께 떨어지던 빠알갛던 씨앗을.

가을은 그 깊고 푸른 밤을 밀어내는 새벽같이 다가온다. 어둡되 까맣지 않은, 흑과 흑이 아닌 세계에서 어둠을 걷어내며, 풀잎 위 하얀 이슬 위에 온갖 색을 담고서 아침으로 변하는 새벽 같은 가을! 애상적인 새벽의 계절. 밤새 마당을 쓸던 추석 한 달 전의 대[竹] 그림자. 달그림자를 흘리지 않는 가래나무의 하늘거림. 가을의 시작은 가히 몽환적이다. 호수 아래 내려앉은 쪽빛 하늘만큼이나. 해 질 녘 두물머리에서 피어나는 물안개만큼이나.

봄이 오는 손님 기다리는 간절함이라면 가을은 오래 머물다 가버리기 고대하던 손님을 보내는 후련함을 타고 다가온다. 적은 대가에 여름내 쏟아낸 땀 흐르는 눈물을 씻어 주는 산들바람을 앞세우며. 보릿고개 무사히 넘긴 소작농 가장에게 한 줌 나락을 안기고, 내년은 올보다 조금은 더 나을 거라는 약간의 기대까지 덤으로 보태면서.

장독대에 붉은 감잎이 날아오르며 가을은 깊어 간다. 단풍잎에 매달린 하얀 이슬은 찬 이슬로 다시 희뿌연 서리로 농익어 가면서. 줄어드는 물과 함께 짧아지는 낮. 점점 동북방으로 길어지는 석양의 그림자를 따라. 시골 운동회 손자의 달리기 모습을 안주 삼아 들이켠 할아버지의 탁배기 사발에 묻어서. 모에서 벼로 이제는 이삭 품은 풍성함을 안은 논에서. 떨어진 밤 주워 모으는 다람쥐의 앙증맞은 두 손에서.

추석 지나 맞는 보름달의 차갑고 쓸쓸한 달빛을 타고 가을은 깊어 간다. 지난달 다녀간 자식 며느리의 잔상을 더듬으며. 걸려 온 전화에 "언제 또 내려오냐?"는 말은 차마 못 한 채 "모두 건강하니 걱정 말라."는 말로 얼버무리며 가을은 그렇게 깊어간다. 스산한 숲속의 달을 묘사한 김홍도의 그림 '소림명월도'를 보고 베토벤 '월광'을 들으며 감상하던 그 그림 안의 가을이 찬바람에 바래가며 가을은 겨울을 향해 굳어간다.

스승의 아내 클라라 슈만을 짝사랑하다가 독신으로 살다 간 브람스를 닮은 쓸쓸한 계절. 잎 떨군 들판의 자작나무를 보며, 중저음으로 울리는 금관악기의 중후함이 흐르는 차이콥스키의 교향곡을 감상하기에 좋은 계절. '축배의 노래'로 시작해 여주인공 비올레타의 죽음으로 막을 내리는, 베르디의 오페라 '라 트라비아타'를 감상하며 아득한 첫사랑을 반추해 보기 좋은 계절. 가을은 이제 가득히 비어있다.

파랗던 감이 홍시로 변했다가 잎을 떨군 후 까치밥이 되면서 가을은 끝나간다. 시골 외할머니가 물들여준 엄지손톱 위 봉숭아 붉은빛이 바래 없어지며 가을은 끝나간다. 앙상한 가지 위에 무겁게 내려앉은 하늘, 이제는 비가 아니라 눈발을 흩날리며 가을이 간다.

가득히 비어있는 손에 온기마저 뺐으면서. 반갑고 넉넉했던 가을이 이제는 쓸쓸히 쓸쓸히···.

겨울

 '한 해'를 시작한 겨울이 그 '한 해'를 마무리하려 먼 길을 돌아 다시 찾아든다. 한낮의 약한 온기를 퇴근 시간 기다리는 사무실 깊은 저 끝까지 길게 드리우며. 긴 하루 추위의 무게에 지쳐 서산 왼쪽 끝으로 뿌옇고 가늘게 잠깐 지는 석양을 따라. 아득한 봄 부산한 여름을 지나 고요한 가을에 쓸쓸함까지 더해가면서. 한 해의 기억을 흰 눈에 모두 덮어가며 겨울이 찾아온다.

 기다리는 이 아무도 없는 시골 빈집에 추억을 더듬어 찾아든 나그네처럼. 모든 산하와 시간을 다 얼려버리겠다는 허기를 앞세워서. 장마에 태풍에 올 한 해 물의 횡포를 간직한 채 넓어진 모래톱, 목소리 삼키는 실개천 언저리부터 시린 입김을 불어 넣으며. 끈기와 주인마저 잃은 채 세월만 걸어놓은 거미줄 끝에도 어김없이. 애쓴 결과물 다 떠나보내고 그루터기만 남은 논바닥에도. 겨울이 느리게 깊어 간다. 동지를 향해….

 오늘 하루 데울 해가 아니라, 봄에 좀 더 다가갈 해가 뜨는 동녘. 그렇게 춥고 긴 하루의 시작. 반기는 이 없는 동장군이 점령군처럼 설쳐댄다. 추운 출근길 나서는 도시의 직장인에게 잰걸음을 강요하며. 버스 정류장 시리도록 찬 공기에 먼 통근 거리를 시간으로 환전하면서. 새벽 예불을 준비하려고 샘터를 찾은 동자승의 꽁꽁 언 두 손에도. 하늘 볼 일 없는 도시인에게 잠깐 머리 내밀다 사라지는 그믐달 같은, 가로등 아래 잿빛 겨울의 새벽! 동해 바다 정동진이건 바쁜 도시의 버스 정류장이건 새벽을 기다리는 마음이 겨울보다 간절한 계절이 또 있을까!

 높이 뜨지도 않는 해가 추운 낮을 서해로 몰아간다. 보잘것없는 빛의 부스러기를 온기라고 우기며. 연 날리고픈 시골 조무래기들을 방안에 가두고는, 하기 싫은 방학 숙제 강요하면서.(해 가봐야 검사하는 것도 아니던데….) 끈적이고 길었던 여름 낮이 어제 일 같은데, 도시의 반지하 독거노인에게 짧은 낮은 왜 이리도 길 단 말인가! 잠으로 줄여봐야 더 춥고 긴 밤을 감당할 자신 없는 누군가의 할머니 할아버지들. 겨울밤이 길다 한들 손주를 향한 애절함에 비할까! 먼저 간 영감 그리움에 비할까! 도시에서 맞는 쓸쓸한 겨울은 회색이다. 모든 군상이 합쳐져 검은색이 되기 전 우중충한 빛깔의 회색.

밍밍한 맛 같은 회색의 권태를 덮어버리는 눈이 내린다. 온 누리에 같은 두께로! 수북이 내려 빨리 치워지기를 강요받는 아파트 주차장에도. 산사(山寺)의 대웅전 앞 황토 마당에도, 정화수 떠 놓고 빌던 노모의 장독대 위에도 수북이. 내려앉지 못해 흩날리는 풍경. 하늘 땅 가리지 못해 팔랑이는 눈 나비의 날갯짓이여. 천천히 세상이 죽어가고 있는 것 같은 감각을 가리는 상쾌함이여. 은빛 순결이여.

옛 시인은 노래했다.

鳥失山中木(조실산중목)

僧審石上泉(승심석상천)

'첫 겨울 나는 어린 산새는 산속에서 나무를 잃었고, 산사의 어린 사미승은 바위 위에서 샘을 찾는구나.'

속세 아닌 깊은 산속에서 시공을 삼키는 하얀 눈발.

고드름으로 다시 눈물로 녹아떨어질 눈이 지붕 위에 쌓인다. 처음 밟은 이의 사연 위로 다시 눈이 내린다. 청량하고 싸하게 매운, 칼바람과 함께. 잎 떠나보낸 나뭇가지 위에도. 냄새조차 잠재우려는 소리마저도 하얀 고요. 봄 생각에 쏟아지는 그리움. 시들 걱정 없는 하얀 눈꽃의 계절 겨울. 겨울은 고독이고 자유다. 그리고 미래다.

길고 지루한 겨울이 봄을 품은 추위에 녹아간다. 쓸쓸한 스카이라운지에도 인기척을 조금 더해가며. 유시(酉時) 자락, 탁배기 한 사발 찾아 나온 중늙은이의 마른기침에도. 봄의 도착을 알리기 위해 그렇게 기인 겨울 열차는 춥고 쓸쓸한 벌판을 서리[霜] 없이 달렸나 보다. 얼었던 논두렁길이 질척이며 겨울이 간다. 촌로의 끈적이는 발길에 무겁게 묻어서 겨울이 간다.

봄이 온다. 저만치에서.

마라톤

어제 38마라톤대회의 10km 부문에 참가했다.

기록은 한 시간 십육 분!

여든셋이라는 노인 참가자보다 늦었다.

한참을 같이 이야기하며 뛰었는데

늦고 서툰 숨씨에 보조를 맞추는 건 10분이 한계였나 보다.

올해로 네 번째 참석인데

10km일지언정 골인 지점을 통과할 때의 성취감과

그에 따른 뿌듯함이란…

달리며 별생각이 다 들더군!

나 지금 제대로 살고 있나?

인생의 반환점을 돈 거 같은데

나머지 시간은 어떻게 살아야 할까?

그동안 나로 인해 마음 아팠던 사람들도 있었을 터인데
그냥 이대로 모른 체 하고 있어도 되는 걸까?
존재하지 않는다는 것을 증명한 천재들의 기분은 어땠을까?

내년에도 또 참가하고 싶다.
하프는 언감생심,
그렇다고 10km에서 5km로 줄이고 싶지도 않다.
기록에도 관심 갖기 싫다.
같이 참가했던 친구들과 건강하게 완주하고
그 피로를 소주 한잔으로 함께 달래고 싶다.

내 고향 포천에서는 해마다 마라톤대회를 개최한다. 이름하여 '38마라톤대회'. 광복 후 6.25 전에 미국과 러시아군이 남북을 둘로 나눠 분단시키며 그어진 38선이 포천을 지나기 때문에, 그것을 기념하기 위해 주둔하고 있는 군부대에서 해마다 개최하고 있다. 서쪽의 개성이나 파주처럼 휴전선이 38선 아래로 그어졌으면 이런 대회도 참가도 불가능했겠지. 6.25가

발발한 1950년은 단기로 4283년인데 거꾸로 쓰면 3824년이 되는데 삼팔이사로 읽으면서 당시에는 "38선이 이사 간다."고 하여 곧 전쟁이 터질 거라고 민심이 흉흉했다고 한다. 6.25는 38선 허물고 38개월 간 싸운 동족상잔의 비극이다.

홍보가 잘 되었건 마라톤에 대한 국민적 관심이 높아졌건 참가 인원이 적지 않다. 개중에는 주한 미군으로 보이는 짧은 머리 외국인 젊은이들도 보이고, 올해는 오픈 대회라 그런지 체형과 주법이 돋보이는 선수들도 보인다. 나도 올해로 삼 년째 참가하고 있다. 올림픽 정신에 입각하여 참가하는 데 의미를 두고.

대회는 모두 다섯 종목으로 구성되어 있다. 5km 걷기, 5km, 10km, 하프와 완주. 각자 자기 능력에 따라 선택하면 된다. 나는 첫해에는 처음 시도해 보는 거라 10km가 겁이 나서 5km를 접수했다. 작년부터 10km. 해보니 별것도 아니더라. 군대에 있을 당시 구보는 일상이었으니까.

기록이 중요하지 않은 아마추어에게 목표는 완주가 될 것이다. 그렇다고 걸어 들어오는 것도 창피한 일이지만. 이런 면이 인생을 닮은 면이 아닐까? 결과에 상관없이 노력하는 과정이 아름답게 평가되는 인생. 세월아 네월아 하며 마냥 시간을 낭비해서도 안 되는 인생. 60대에 시작하여 80대까지 마라톤을 즐기는 것이 가능한 것처럼 뭔가를 하기에, 너무 늦은 일은 없는 오늘이 가장 빠른 우리 인생. 완주하며 자기 자신과 끊임없이 대화를 나누듯이 오늘 일을 반성하며 더 나은 내일을 대비하는 우리네 중년의 삶.

광명에서 오셨다는 80대 노인은 참 부럽다. 그 연세에 젊은 사람들과 함께 마라톤을 하다니. 그만한 체력을 유지하려 운동에 투자한 열성과 시간이 부러운 정도가 아니라 체력 관리하며 다른 걸 포기한 그 의지가 존경스럽다. 정상급 연주자의 연주를 가능케 하는 노력과 열정은 보지 못한 채 그 연주만을 부러워하는 것처럼. 인생은 그런 것이다. 부러워하기도 하고 부러움의 대상이 되기도 하고. 80이 되어 한 세대 아래 중년의 후배들과 같은 운동을 할 수도 있고. 완주에 만족하기도 하고 더 나은 기록을 위해 노력하기도 하고.

정답이 없는 우리 인생. 가던 길 멈춰서는 안 되는 우리 인생. 가던 길 돌아갈 수도 없는 우리 인생.

엄나무밭에서

비가 오면 다음 날 엄나무가 몇 그루씩 없어진다.

사실 그루랄 것도 없는 어린 엄나무!
2년 전 밭에다 150주를 심었는데 아침마다 물주고
행여 싹을 틔웠나 저녁에도 나가 보고
갖은 정성을 다 들였는데…

엄나무가 있던 자리에 텅 빈 구덩이란!
지켜주지 못한 주인을 원망하는 듯
여린 초보 농부의 마음을 후벼 파는 듯하다.

IMF 시절!

집에서 먹다 남은 쌀 포대가 없어졌다고
눈물을 흘렸다는 주부가 있었다.
가져간 사람의 처지가 하도 딱해서
이것 말고도 더 도와줄 것이 있을 텐데
어떻게 도와줄 방법이 없어서…

그런데 나는 화만 난다.
욕심일까?
내 것을 도둑맞았다는 분함일까?
남은 게 훨씬 많은 데도 없어진 몇 그루에 대한 집착?
혹은 너그럽지 못한 옹졸함일까?

농부랍시고 괭이 들고 설치는 모습이 가소롭다.
콩을 세 알 심더라도 한 알은 새의 몫, 한 알은 벌레 몫
나머지 한 알이 농부의 몫이라고 하던데!

난 아직 멀었나 보다

여유도 없고, 욕심과 모르는 것투성이고.

아들이 대학 입학한 이 나이에도….

넓지 않은 밭에 2년 전에 엄나무를 심었다. 밭의 경계에는 심은 적 없는 두릅나무가 크고 있고 엄나무 옆에는 취나물도 심었다. 규모 면에서나 선택한 작물도, 농부라고 부르기도 불리기도 낯가지러운 것임을 안다. 그래도 내가 심은 작물이라고 애착이 가는 건 당연한 일이리라. 한때는 봄에 매일 새벽에 나가서 물을 준 적도 있다. 바로 위에 있는 주유소에 양해를 구하고 물을 받아서. 이렇게 나름, 정성을 들였는데 엄나무가 뽑혀 나간 텅 빈 구덩이를 바라보는 심정은 표현하기가 쉽지 않다. 지켜주지 못했다는 자괴감에, 뽑아간 사람에 대한 원망, "누가 가져가도 잘 키우기만 하면 되지."하는 자기 합리화에 이르기까지.

그렇다면 1,000원이면 살 수 있는 엄나무 묘목을, 남의 밭에 심어놓은 나무, 내 것이 아닌 엄나무를 뽑아가는 심리는 무엇일까? 주인은 도둑맞았다고 생각할 수도 있는데. 단지 천 원의 문제가 아닐 수도 있는데. 같은 동네에 살면서 행여 들키기라도 한다면 상당히 면구스러운 일일 텐데. 이런 모든 감정을 극복할 수 있을 정도로 가치 있는 일일까?

"쥐는 벽을 잊어도 벽은 쥐를 잊지 않는다."고 했던가! 이런 사소한 일을 그렇게까지 비약시키고 싶은 생각은 없지만, 초보 농사꾼의 여린 감성은 슬픔에 분노에 쉽게 정리가 되지 않는다. 보상은 언감생심! 사실 팔려고 심은 것도 아니다. 친하게 지내는 지인들과 엄나무 순과 가지를 나누어 먹으려고 심었다. 봄의 별미인 두릅을 훨씬 능가하는 개두릅으로 알려진 엄나무 순. 여름에 백숙 끓일 때 넣으면 닭의 잡내를 잡아주는 엄나무 가지. 봄 한때 선물 받으면 얼마나 좋을까? 시중에 나오는, 사자니 조금 비싼 듯한, 누군가 선물한다면 맛있게 먹으며 감사할 것 같은.

해가 지나면서 더 나이가 들면서 넉넉해지고 싶다. 없이 살더라도 없어진 쌀을 보며 가져간 사람의 사정을 헤아렸다는 그 주부처럼. 더 줄 게 없었는지 헤아려 보고 눈물을 흘렸다는 그 주부의 따뜻한 마음처럼.

나는 사진이 싫다

찍는 것도 찍히는 것도.

머문 듯 가는 것이 세월이라고 하는데
찰나에 갇혀있는
아니 가두어 둔 시간이
답답하게 느껴지기 때문이다.

세월은 가두는 게 아니다.
가두어지지도 않지만

오월의 끝자락에서
너그러운 마음으로 세월을 놔주고 싶다.

원숙한 여인 같은 유월을 고대하며.

"남는 건 사진뿐이다."라고 선언하고는 습관적으로 카메라를 휴대하고 다니면서 사진을 찍어대던 시절이 있었다. 사진에 대한 기초 지식이나 감각도 없이 무턱대고 셔터를 눌러 대고는 그 결과물에 실망했던 시절. 그림이라면 숙련되지 못해서 그렇다지만 사진은 변명 거리를 찾기가 쉽지 않았다. 말 그대로 찰나의 순간을 몇십 년이고 가두는 일이 사진 아닌가! 순간에 갇혀있는 영원한 시간. 영혼 떠난 순간이 차지한 박제된 시간. 이런 모순이 또 있을까?

너무도 짧은 시간이 빚어낸 작품 아닌 결과물. 진짜를 베끼는 필연적인 가짜. 보는 사람의 감수성을 허용하지 않는 기계적인 오만. 스케치에 가미된 조금의 상상력도 허용하지 않는 작품 아닌 생산된 제품.

빛바랜 사진으로 시간을 되돌릴 순 없지만, 그래도 누군가의 시간을 기릴 순 있다. 이십 년의 세월 동안 늙지도 못하고 늘 웃으며 나를 쳐다보고 있는 사진 속의 동생을 볼 수조차 없다면…

또 이렇게 한 달이 지나가네

'무슨 좋은 일이 있으려나' 기대하고
이달 첫날을 맞은 게 어제 일 같은데.
아니, 한 해 시작한 추웠던 날도 그제 같은데…
끈적일 장마가 좋은 일 몰고 오려나?
아니 추수 끝난 빈 논바닥에라도
좋은 일이 찬바람처럼 몰려왔으면 좋겠다.

모두에게 내일 아침은 찬란했으면!

한 달의 끝날 아니 한 해의 끝 날이라도 같은 하루일 텐데, 다음날이 새달 새해를 연다고 들떠보는 것도 인간적인 일이리라. 나이에 관계없이 특별할 것 없는 반복되는 일상에서 일탈을 꿈꾸는 것은 아니지만, 뭔가 파격적인 일이 일어나기를 기대하는 것도 어쩌면 중년의 소박한 바람 아닐까?

그런데 그게 어디 그렇게 쉽고 흔한 일인가? 아니 그런 일이 내 일상을 망쳐 놓는 일이라면 감당할 수 있을까? 우리는 다 안다. 그런 일 일어나지 않으리란 걸. 그래도 바라는 것은 생의 활력소가 될 만한 가벼운 변화가 아닐까? 내가 찾아가는 것도 좋지만, 기대하지 않은 친구의 방문. 아니 방문까지는 아니더라도 가벼운 안부 인사라면 또 어떤가. 아내와 일박이일의 여행에서 만난 뜻밖의 별천지 같은 풍경. 옆 식탁의 처음 보는 사람과 어색한 인사에서 시작하여 공유한 경험으로 이어지는 대화. 뜻밖에 맛보게 되는 인생의 맛. 우리는 이런 작은 행복에 만족하지 못하고 시간을 탐욕으로만 채워 보낸 것은 아닌가!

'나는 오늘이 제일 젊다.'는 말에 동의한다면, 주저하지도 재지도 말고 하고 싶었던 일을 시작해 보자. 좋은 일 있으려나? 기대하지 말고 좋은 일을 직접 만들어 보자. 보면 반가워할 친구에게 마음이나 목소리를 보내지 말고 직접 가서 만나보며 술잔을 권해보자. 그리고 같이 취해 보자.

지루한 장마도, 가을을 떠나보낸 논의 그루터기도, 줄어드는 물에 드러나 언저리부터 얼어가는 모래톱도 좋은 일 가져오지 못한다. 실망이 더해진 나이테나 하나 더 그려졌을까?

아름다움은 결코 오래 가지 않는다

아름다움은 결코 오래가지 않는다
사람이 천 년을 산다 해도
이십 년 만에 수명을 다한다 해도 마찬가지일 것이다.

영원할 것 같았던 부모님의 울타리가
한쪽부터 균열이 가고 무너져 내리는 걸 볼 때
자식 된 입장에서 그저 쓰리고 안타까운 마음 외에
전해 줄 게 없음을 뼈저리게 느낄 때
나 어릴 적 아팠을 때 걱정이 가슴을 후벼 팠음을
부모 되어 알았을 때

아름다움은 오래 가지도 않지만
그로 인해 더 아름다운 것이리라…

장모님 문병 온 처갓집에서 아침 일찍 깨어
몇 자 적어 봅니다.

장모님이 편찮으시단다. 올해 여든이 되신 장모님. 그 연세에 아직까지 사과농사 지으시느라 당신의 몸을 돌보시는데 소홀하셨던 사랑하는 아내의 어머니. 이제는 어디 편찮으시다면 덜컥 겁부터 난다. 영영 못 보게 되는 것은 아닌가 하는 두려움에. 사위 노릇 제대로 못 한 것 같은 아쉬움에. 그저 속절없이 흘러가 버린 세월이 원망스러울 뿐이다. 좀 더 가까운데 계셨으면 더 자주 찾아뵐 수도 있었는데. 포천 집에서 처갓집까지 350km. 평상시에 네 시간 반 정도, 명절 때에는 여섯 시간 정도 걸린다. 먼 길에서 사위가 왔다고 반겨주시는 장인 장모님. 그 주름진 웃는 얼굴을 한 해라도 더 보고 싶다. 가능하다면 건강한 모습으로. 근처 경치 좋은 곳에 모시고 가서 좋아하시는 능이백숙도 사드리고 싶다. 아니, '가 보고 싶다.'고 말씀하시는 곳이라면, 어디라도 모시고 가고 싶다.

부모님 모시고 같이 사는 아내의 부모님에게 못 할 일이 뭐가 있을까? 장인 장모님을 위해, 사랑스런 아내를 위해. 무엇보다 다녀오면 마음 편한 나 자신을 위해.

인생 고속도로

인생을 등반에 비유하기도 한다.
나는 고속도로에 비유하고 싶다.
가던 길을 멈춰서도 안 되고
유턴할 수도 없는 길!
신호등 없이 이정표만 있는 이 길!
핸들 잡고 딴생각해도 안 되고
주변 경관에 한눈팔다가는
가장으로서 모든 걸 날려버릴 수도 있는 이 길!
우리 오십 대의 인생이 이렇지 않을까?
언젠가 생긴 비상교차로.
그게 뭔가?
인생 다시 살 수도
거꾸로 돌릴 수도 없는데…

인생을 한마디로 정의 내리는 게 가능한 일일까? 간단히 비유하는 것은 또 어떤가? 언젠가 중앙 고속도로를 이용해 처갓집을 가는 데 문득 이런 생각이 들었다. 인생이 고속도로 같다고. 신호등도 과속 방지턱도 없으나 가던 길 멈춰서도 안 되고 유턴할 수도 없는 길. 어떤 상당한 용기를 가진 사람은 모르되, 보통 중년의 범인(凡人)들이 하던 일을 그만두거나 다른 일을 한다고 직장을 옮기는 것이 가능할까? 한참 하는 일에 탄력이 붙어서 어떤 가시적인 성과를 내는 것이 눈에 들어오는데, 조금만 더 애쓴다면 관리자의 반열에 들 수도 있는데, 거기서 궤도 수정이나 주저앉는 것은 '상당한 용기'거나 '비겁함'이 아니겠는가! 그렇게 살아서 여기까지 왔는데.

가정의 가장으로서 딴생각을 할 수도 없다. 그것은 책임의 영역이 아니라 양심의 문제이기도 하다. 아니 책임을 포기한 50대 중년의 남자가 설 자리가 있을까? 그저 운전석에서 가족들의 안전만을 생각하며 앞만 보고 달릴 뿐이다. 주변의 경관이 아무리 좋은들, 그것보다는 앞, 뒤, 옆 차와의 간격에 더 관심을 가져야 한다. 가끔 들르는 휴게소에서도 최소한의 욕구만을 충족할 뿐 주유 후 다시 달려야 한다. 휴게소 뒤로 국

도와 연결된 길이 있다는 사실을 안다고 해도, 차 세워두고 나갈 것도 아니다. 그런 세상이 있다는 사실을 아는 것이 전혀 도움이 되지 않으며 오히려 독이 될 수도 있다.

국도를 달리는 사람은 고속도로 달리는 사람을 부러워하고, 고속도로 달리는 사람도 마찬가지고. 내 앞에 펼쳐진 두 길에서 항상 선택만 해야 하는 인생. 우리는 올바른 선택을 하면서 지금 여기까지 왔을까? 내가 다른 길을 선택했다면. 직업이든 결혼이든. 가끔 눈에 띄는 '비상 교차로'를 보며 이런 생각을 해본다. '인생 다시 살 수도 없지만, 다시 살고 싶지도 않은데. 그래 이렇게 사는 거야. 자라 잡으러 가서 붕어 몇 마리 잡았으면 어떤가? 내가 이루어 놓은 것이 그렇게 하찮은가? 내가 얼마나 열심히 살았는데….' 누구와 비교해서가 아니라 내가 이루어 놓은 가정과 사회에서의 평가는 내가 세상을 다녀갔다는 나만의 고귀한 흔적이 될 것이다.

어느덧 톨게이트다. 무사히 잘 왔다. 처갓집까지 가는 구불구불한 2차선 국도도 조심해서 운전해야겠다.

모스크바 시민합창단

어제 포천에서 모스크바 시민합창단의 공연을 보았다.
몇 해 전만 해도 서울에서나 가능했던 일.
예상대로 1부의 프로그램은
대부분을 러시아 민요와 로망스로 짰고
2부는 '푸른 도나우'
브람스의 '헝가리 무곡 5번' 등에 가사를 붙여 노래했다.
내가 알아들은 노래로는 '스텐카라진'과 '칼린카' 정도였는데
모처럼 서울 아닌 고향 포천에서
집사람과 달콤한 음악 감상 시간을 가져서 좋았다.
나는 개인적으로 러시아의 음악과 문학을 좋아한다.
차이콥스키와 쇼스타코비치, 국민학파 5인조
톨스토이와 도스토예프스키, 푸시킨도 좋다.
'레닌 필'과 '볼쇼이', '키로프 발레단'도 좋지만,

'붉은 군대 합창단'의 '바르샤바 여인'과 '들판의 자작나무' '볼가강 배 끄는 인부들의 노래'를 사랑한다.
한 번 감상해 보시길…

'지방자치시대'를 맞아 이제는 지역 사회에서도 문화적인 혜택을 볼 수 있다는 게 너무 좋다. 그전에는 서울 세종문화회관이나 예술의 전당에나 가야 감상할 수 있는 공연들을 집에서 걸어가서도 감상이 가능하니 그저 감사할 따름이다. 교통체증과 주차 스트레스를 감수하고 서울에 가는 길은 항상 편치 않다. 나는 아내를 클래식 음악 감상회에서 처음 만났다. 우리 동네 포천의 '조 내과' 휴게실에서, 매주 화요일마다 두 시간씩 간단한 설명을 곁들인 음악 감상회. 나는 거기서 교향곡과 오페라를 해설했다. 아마추어가 얼마나 잘했겠냐만, 그래도 음악을 공부하는 게 좋았고, 음악을 듣는 게 좋았고, 끝나고 한잔하는 뒤풀이는 가장 좋았다.

나는 특히 러시아 음악을 좋아한다. 차이콥스키의 중저음으로 울려 퍼지는 관현악이 좋고, 쇼스타코비치는 내가 처음 참석한 음악회에서 들은 음악가라 남다르다. 쇼스타코비치 교향곡 5번. 그때 그 음악을 듣고 나서 '이건 베토벤 풍이다.'라고 생각했는데 프로그램에 '네오 베토베니언 스타일'이라는 해설을 읽고 얼마나 뿌듯했는지 모른다. 차이콥스키의 교향곡 6번은 '비창'으로 잘 알려져 있지만, 나는 교향곡 5번과 4번이 더 좋다. 김연아 선수의 피겨 열풍을 타고 유명해진 림스키코르샤코프의 '세헤레자데'도 좋고, 보로딘의 '이골 공' 무소르그스키의 '전람회의 그림'도 좋다. 모두 클래식 매니아들 사이에선 많이 알려진 곡들이다.

'모스크바 시민합창단' 공연은 사실 큰 기대는 하지 않고 갔다. 그런데 그들의 열과 성의를 다하는 모습을 보고 크게 감동했다. 나는 가끔 차 안에서 '붉은 군대 합창단'(Red army Chorus)의 앨범을 듣고 있다. 라디오를 통해 '바르샤바 여인'을 듣고 구입했다. '들판의 자작나무'와 '볼가강 배 끄는 인부들의 노래'를 특히 좋아한다. 이번 공연에서 들은 '칼린카'와 '스텐카라진'도 그 앨범에 수록되어 있어서 알게 되었다.

그들의 문학은 또 어떤가? 톨스토이와 도스토옙스키로 대표되는 러시아 문학의 깊이는 어느 나라와 견주어도 뒤지지 않는다. 키로프 발레단과 볼쇼이 발레단으로 대표되는 그들의 발레도 세계 제일 수준이다.

우리의 지방 도시 합창단이 러시아에 가서 이런 평가를 받고 올 수 있을까?

요즘 많이 뜨고 있는 K팝의 열기에 더해 우리의 클래식 수준도 세계적이라는 평가를 받았으면 하는 마음 간절하다.

그 반갑던 풀이

아무데서나
아무렇게나 돋아나는
그 아무것도 아닌,

그렇게 반갑던 풀이,

이제는 지겨움이 되어버린 계절

흐르는 땀 흘리는 눈물?
흘리는 땀 흐르는 눈물!

여름 잘 보내세요.

밤새워 봐야 몇 병 못 마십니다.

반도의 여름은 찜통더위를 예고하며, 봄의 여운을 몰아내면서 찾아온다. 양기의 절정을 맞아 높아진 하늘에 길어진 낮. 짧은 밤에 까매지지도 못하고 뜬눈으로 밤새는 푸른 밤. 한여름의 열기에 권태를 더할 초록 빛깔 풀들. 사방 포장된 골목길 사이사이에서 돋아나는 외면 받는 생명들. 전혀 반갑지 않은. 밟아도 되고 밟혀도 아무렇지 않은.

삶의 터전에서 이제는 노동의 대상이 되어버린 풀. 호미질, 괭이질에 익숙한 노부부에게 하찮은 보상을 쥐어주는 흐르는 땀, 흘리는 눈물? 자식들 볼세라 소매로 훔치고 마는 눈물 섞인 땀. 이 땅을 떠나지 못하는 노부모님. 회색빛 도시에서 삶이 자신이 없는. 대문 열고 들어올 것 같은 아들 기다리는 마음에 요일 감각 없이 바라보는 골목의 끝. 이제는 풍성한 결실도 큰 의미 없는, 두 부부 생활비야 안 나오랴! 그래도 손주들 용돈 좀 줄 수 있으면 좋으련만.

한 세대가 가고 또 한 세대가 크는 모습을 보며, 변함없는 삶의 모습에 더해지는 또 한 해의 여름의 시작. 한잔 탁배기에 취하기도 너무 짧은. 푸르고 짧은 여름 시작의 어느 밤.

찌푸린 하늘

슬픈 하늘은 만 리에 뿌릴 눈물을 머금고
배고픈 대지는 소리 내어 침 삼키네
야속한 바람이 바다에 물 쏟을까
겹겹이 병풍이 헛기침하는구나!

찌푸린 하늘!
비 쏟아내면 한잔하기 좋을 텐데…
그렇다고 지금부터 시작하면 예(禮)가 아니지!
술 벌레 꾀병도 유시(酉時)는 넘어야 통한다네.

장마 이전의 축축함, 장맛비의 호쾌하고 시원함, 이어지는 찜통더위. 우리나라의 여름은 습기와 떼려야 뗄 수 없는 무더위다. 그늘로도 피할 수 없는 푹푹 찌는 뜨거운 입김. 사방 둘러봐야 초록빛 권태에 매미 소리마저도 습기에 끈적인다.

어린 시절 그렇게 좋았던 여름은 어디로 사라졌는가! 아무리 오래 놀아도 지지 않던 해. 냇가에 몸을 담그는 것만으로도 즐거웠던 시절. 개울에 있던 물고기는 매일 잡아가도 줄지 않던 그 시절의 여름은 어디로 가버렸는지. 말 그대로 더위는 피하면 그만이라고 느끼던 시절의 시원하고 긴 여름날의 추억. 이제는 기억 속에만 존재하는 가버린 계절. 다시 느낄 수 없는. 차 안이든 집 안이든 기계적인 냉방은 가져다줄 수 없는 어린 시절 좋았던 추억의 편린.

가뭄에 장마에 홍수에 애타는 농부라면 어떨까? 아무리 애써봐야 가을에 손에 쥐는 거라고는 생활비와 아이들 교육비가 고작이라면. 오래 기다리던 비구름이 서해를 건너지 못해 바다에 섬에 눈물 쏟아 농부의 애간장을 녹인다면. 더위 피해 새벽에 나와 괭이질 한 대가가 겨우 이런 것이라면.

회색빛 도시의 흰 머리카락 돋아나는 가장에게도 끈적이는 여름은 넘기기 쉽지 않은 계절이다. 도처에서 토해대는 아스팔트의 검은 열기. 좁은 황톳빛 골목까지 점령한 시멘트의 무표정. 건물이라면 예외 없이 뿜어대는 지루함 묻어나는 하품. 늦은 밤까지 울어대는 매미는 하루를 서른 시간까지 늘린다. 도시 노동자에게서 안식을 박탈하며. 더 나을 것 없는 내일을 그저 재촉하면서.

마담 맥베드

금수저 물고 깨는 '유리 천장'이 무슨 의미가 있나?
보통 근로자 1년 치 보수를
몇 시간의 강의료로 쉽게 버는 정치인이
도대체 누구를 대변한단 말인가!
많은 젊은이들이 '끈적이는 바닥'에서
헤어 나오지 못하고 있는데…

오히려 트럼프의 막말이 듣기 낫다.
그렇다고 지지하는 건 아니지만,

'마담 맥베드'!

우리 일이 아니라 태평양 건너 정치 상황이니
몇 자 적어 본다.

우리 걸로 정치색 드러냈다가 댓글에 시달리기는 싫으니까!

바야흐로 정치의 계절이다. 미국의 대선이 시작되고 나서 그들은 우리만큼이나 아니 우리보다 더 진영 논리에 몰입되어 둘로 갈라져 있다. 그들 사회가 갖는 보수성이 초미의 관심사이다. 최초의 흑인 대통령 이후에 최초의 여성 대통령을 뽑느냐? 최초로 이혼 경력이 있는 백인 사업가를 대통령으로 뽑느냐? 내 개인적인 견해로는 누가 되어도 잘할 것 같지 않다.

남편 후광이 아니었으면 힐러리는 국무장관감인가? '유리 천장(glass ceiling)'은 깨기 어려워서 여성에게 붙여진 이름이다. 대부분의 여성들이 출산 후 육아 문제로 '경단녀(經斷女)'라는 딱지를 붙이고 '끈적이는 바닥(sticky floor)'에서 고통받을 때, 권력의 양지만 찾아다니다 대선 후보가 된 전직 대통령의 부인이 무슨 의미와 자격이 있다는 말인가!

 정치인으로서 검증되지 않은, 사업가 트럼프는 미국 사회를 둘로 갈라치기하고 있다. 소위 말하는 '러스트 벨트(Rust Belt)'를 공략하며 실직자 백인들을 선동하는 중이다. 더 나아가 그는 반대 진영에 극도의 혐오를 조장하는 '팬덤 현상'을 정치적 자산으로 삼고 있다. 정치의 핵심적인 가치는 사회적 갈등의 '조정 기능'에 있다. 그들에게 그런 역량이나 의지가 있을까?

 그럼 우리는?

메디슨 카운티의 다리

어느 날 외딴 마을에
멋진 중년 남자가 차를 타고 나타난다.
그 남자에게 첫눈에 반한
미모의 중년 여성은 일탈을 꿈꾼다.
하지만 거기까지,
중년의 여성은 그 남자와 다리를 건너 떠나지 못한다.
그래선 안 된다는 걸 알기 때문에…
단순히 지킬 게 잃을 게 많아서도 아니고
익숙지 못한 것에 대한 두려움 때문도 아니었으리라.
인생이 그런 거니까!
그 다리 이름이 '메디슨 카운티'!
그 다리가 없었다면 여자는 흔들릴 일도 없었을 텐데.
그렇다고 다리를 탓할 텐가?

이런 일탈을 꿈꾸는 것은
어쩌면 모든 중년의 로망일지도 모른다.
홍상수 감독이 부러운 장마철 아침이다.

'사랑과 윤리 체념, 그리고 돈의 절묘한 조화' 결혼에 대한 깔끔한 정의라고 생각한다. '결혼 곡선(Marriage Curve)'이라는 것도 있다. 결혼 후에는 1년간 열렬히 사랑하고, 그 후에는 서로에게 실망하며, 결국에는 자식과 배우자에 대한 '책임감'을 가지고 이어간다는 결혼 생활. 그래서 '사랑은 환상이고 사랑하는 것은 일이다.'는 말이 생겼는지도 모른다. 사랑은 관념이 아니라 부단히 노력하지 않으면 얻고 유지하기 힘든 현상이다. 존재하는 실체를 한 번 소유하는 것이 아니라 '사랑한다'는 감정을 유지하기 위해 부단히 애쓰고 희생해야 하는 가치다. 그 사랑을 책임감이라는 말로 대치한다고 할지라도.

결혼 생활 20여 년이 된 중년이라면 다 안다. 남편도 아내도 사람이란 걸. '흔들리지 않으면 중년이 아니다.'라는 말도 있지 않은가! 스쳐 지나가니 바람이라고 해도, 중년이 바라보는 인생과 여생은 청춘과 노년의 그것과 같을 수는 없다. 갈등 일탈 포기 집착. 어쩌면 우리는 이런 선택의 연속인 삶을 살고 있는지 모른다. 다리를 건너지 못한 프란체스카의 선택에 박수를 보내지만, 마음 한구석이 찡해오는 이유는 뭘까?

홍상수 감독이 부럽다. 젊은 여배우의 선택이 몰고 올 사회적 윤리적 파장에 대해 책임을 감내하겠다는 '용기' 말이다.

브렉시트냐 브리메인이냐?

브렉시트냐 브리메인이냐?
주식 가진 사람들 침 마르겠네!
어차피 둘 중 하나, 선택을 강요당하는 게 인생인데
그 양자택일이 왜 이리 힘든가!
나는 늘 잘못된 선택만 하는 것 같고
돈 빼고는 나보다 난 것 하나도 없는 것 같은 그 친구는
바른 선택이 아니라 단지 운이 좋은 것 같고,
사실 내가 이루어 놓은 것도 결코 하찮은 것은 아닐 텐데…

1%의 부자가 0.1%의 부자 때문에 불행하다는 말은
우리 모두에게 해당되는 것은 아닐까?

지금 세계의 자본시장은 '영국이 EU에 남느냐(Bremain) 탈퇴하느냐(Brexit)'에 초미의 관심을 보이고 있다. 세계화의 기치 아래 EU로 모일 때는 언제고 이제는 한 나라의 이익에 따라 탈퇴를 국민 투표에 부치고, 그 결과에 EU 밖의 다른 나라까지 촉각을 곤두세워야 한다니, 이런 불합리한 일이 또 있을까? 한때는 '해가 지지 않는 나라'라고 칭기즈칸의 몽골보다 더 넓었던 '대영 제국'이 이렇게 되다니. 투표 결과에 대한 파장은 예상보다 만만치 않을 모양이다. 금융 위기 이후에 다시 한번 세계 경제가 요동치려나?

사실 인생은 부단한 양자택일의 연속이고 가지 않은 길에 대한 미련은 항상 따르게 마련이다. 하지만 그것은 내가 내 의지대로 뭔가를 선택했을 때의 일이다. 그래야 책임을 지든지 보상을 받든지 할 것 아닌가! 우리에게 이런 선택을 강요하는 힘은 과연 무엇일까? 우리가 제대로 된 대응을 할 수 있을까? 개인이 아니라 우리 사회와 국가 말이다.

동구 공산권의 몰락 이후 괴물로 변한 자본주의. 사람을 경쟁으로만 몰아세우는 피로 만연 사회. 가진 것에 만족하는 것이 행복에 이르는 길이라고 하는데 비교와 경쟁이 일상인 사회에서 그건 단지 공염불이다. 비교 대상을 돈 아닌 다른 것으로 바꾼다 해도. 마음 한구석에 상대적 열등감과 조급함을 가라앉힌 채.

어떻게 결론이 나던 익숙한 일상으로 빨리 돌아가고 싶다.

독서 모임

매월 넷째 주 수요일은 독서 모임 하는 날!
이달은 한강의 『채식주의자』를 읽고 토론했다.
남편의 시각으로 쓰여진 『채식주의자』
형부 시각의 『몽고반점』
언니 시각의 『나무불꽃』
연작 형태의 형식을 빌린 이 책은 신선하고 충격적이다.

책을 읽을 때마다
그 책으로 서재를 채울 때마다
이런 생각을 해본다.
지적 허영?
취미?
사색과 성찰?

나의 독서는

내 서재는…

독서 모임에 가입하여 활동한 지 벌써 14년째다. 가입 전에는 독서의 편식이라고나 할까? 독서의 폭이 상당히 좁았던 것 같은데, 회원들이 다달이 돌아가면서 추천하는 책을 읽다 보니 관심 분야가 아닌 책도 읽는 재미가 쏠쏠하다.

덕분에 『주역(周易)』도 읽어 보았고, 스캇 펙의 『창가의 침대』도 읽어보았다. 백미라고 하면 제러드 다이아몬드의 『문명의 붕괴』를 읽은 것이다. 굳이 '백미'라는 표현을 쓴 이유는, 미국과 호주는 땅의 크기도 비슷하고 두 나라 모두 영어를 쓰며 원주민을 몰아내고 영국인들이 세운 나라인데 국력의 차이가 13배 정도 나는 이유가 무엇인지 항상 궁금했는데 그 책을 통해서 궁금증을 풀었기 때문이다. 저자 재레드 다이아몬드의 통찰력에 경의를 표한다.

우리는 책을 통해 감동을 받고, 몰랐던 사실을 알아내기도 하며, 사고의 지평을 넓혀 가기도 한다. 나는 도서관을 거의 이용하지 않는다. 헌책방에 가서라도 책을 사서 읽는 편이다. 내 소유의 책이니 마음대로 낙서를 해도 되고 밑줄을 그어도 된다. 다시 그 책을 참고할 때 도움을 받기 위해서이다. 특히 뭔가를 쓸 때 많은 도움이 된다.

서재가 있으니 좋은 점이 있다. 책을 모으는 재미와 혼자 있고 싶을 때 쉽게 찾을 수 있는 곳. 누군가 이런 말을 했다. "책은 사서 읽는 것이 아니라 사놓은 책 중에서 읽는 것이다."고. 책과 함께 늘어가는 책장. 그것들은 내 인생에 무엇인가? 단순한 과시, 지적 허영, 사색과 성찰? 아무렴 어떤가! 나 좋으면 그만인 것을. 책은 지성의 지표이지 지성의 원인이 아니라고 하지 않던가!

단순한 '페이지 터너'를 넘어 남은 쪽수가 줄어드는 것이 안타까운 그런 책을 읽고 싶다. "마음속에 만 권의 책이 들어 있어야 그것이 흘러 글과 그림이 된다."고 추사 김정희는 말했다. 쓰는 것은 아무나 할 수 있는 것이 아니라는 걸 잘 안다. 그러나 읽는 것은 다른 문제다. 만 권을 읽고 싶다.

나에게 책은

주는 기쁨 받는 즐거움
빳빳한 표지의 긴장감
첫 장 넘기는 설레임
무게 중심 옮겨 놓은 뿌듯함
다 읽은 후의 지적 포만감

여기에 더하여 '여전한 허기'

이렇게 비가 내리는 날이면
술을 마실 일이다

하얀 거품을 쏟아내는 노랗게 썩은 물도
증류수라고 까불다가 바쿠스에게 스무 대 맞은 놈도
능력이 된다면 오크통에서 십 년 이상 머물다 나온 놈도
쌀알이 동동 뜬 시큼달콤한 농주도

내리는 비에 맺힌 풍경을 안주 삼아
한잔하기엔 모두 좋은 벗들이다.

무릉도원 가는 길 걸어간들 어떻고
자동차는 뭔 대수냐!

'소량의 술이 나를 슬프게 하고 다량의 술은 나를 괴롭게

한다.'고 해도 술맛을 아는 사람이 술을 끊기는 쉬운 일이 아니다. 적당히 마시기는 더욱 어려운 일이다. 비가 내리는 날 오래된 친구와 기울이는 술잔은 그야말로 신선이 부럽지 않을 정도다. 아무리 술 자체보다 대화가 중요하다고 해도 찻잔을 기울이는 것과 술을 함께 마신다는 것은 너무도 큰 차이다.

운동 후에는 특히 한여름에 테니스 한판 치고 난 후에는 맥주가 제격이다.

소위 말하는 치맥! 테니스를 복기하면서 마른 목을 축이는 재미는 무엇과도 바꿀 수 없다. 막걸리는 막일하다가 또는 마을 정자에서 농사일 마치고 한잔하면 좋다. 지나가는 길에 술인심이 좋은 동네라면 염치불구하고 그냥 합석하여 몇 잔 얻어먹는 맛이 시큼달콤한 인생의 땀 맛이다. 소주는 어디든지 잘 어울리는 서민의 술이다. 시골 5일 장터에서 시끌벅적한 삶의 소리와 냄새를 곁들여 넘기기에 좋다. 화제는 아무런 상관이 없다. 노천에서 고기 굽는 소리만으로도 족하다. 위스키는 조금은 부담스런 술이다. 높은 도수에 만만치 않은 가격.

식도를 타고 흐르는 역한 열기와 익숙지 않은 또 다른 서양식 갈증. 버번이며 브랜디며 스카치 등, 발음마저 어려운 그 이름이 취기를 불러오는.

 이 비 맞으며 술을 찾아 나간다. 아무리 '금주' '절주'를 하려고 해도 잘되지 않는구나. 내 발은 김 유신의 말[馬]인가 보다!

애처가 분류법

햄릿 형 "아내 이외의 다른 여자를 사랑하느냐 마느냐? 그것이 문제로다."

링컨 형 "아내의, 아내에 의한, 아내를 위한, 나!"

케네디 형 "아내가 나를 위해 무엇을 해줄 것인가를 바라지 말고, 내가 아내게 무엇을 해줄 것인가를 고려하라!"

클린턴 형 "바보야! 문제는 아내야"

퍼온 글입니다.
끈적이고 더운 장마 끝 무렵
마찬가지로 힘들어할 아내에게
고마움의 편린이라도 전해 보세요.

부부유별(夫婦有別)은 부부간의 상하 수직적 관계를 나타내는 것인가? 그런 것 같기도 하고 그렇지 않은 것 같기도 하다. 충(忠)이나 효(孝), 서(序)와 달리 다를 별(別)은 단지 차이를 구분하는 말이기 때문이다. 그렇다고 같은 것도 아니고 상하 관계도 아니니 구별을 넘어선 차별 정도라고 봐야 하나? 부부간의 관계 맺음은 아무리 사랑이 그 바탕이 된다 하더라도 부딪치게 되어 있고, 누군가는 양보를 해야 무난한 부부관계를 유지할 수 있다. '칼로 물 베기'라는 부부싸움도 잦으면 안 될 것이며 깊은 마음의 상처를 주어서는 더욱 안 될 일이다.

우유부단의 대명사 '햄릿 형'이라면 외도 앞에서 망설이다가 시간 보내다가 늙어버릴 것 같다. 후회를 하는지, 어쩐 지는 내가 판단할 몫이 아니고. 엄처시하(嚴妻侍下)라면 마음이 흔들린 것도 가책이 되지 않을까?

신분상의 차이 때문에 결혼 생활이 그렇게 순탄치 않았다는 링컨. 링컨다운 정치력을 발휘해야 결혼 생활이 유지되지 않앉을까? 한 가정의 원활한 시스템 운용을 위하여 아내에게 전권을 다 줘야 한다면 그것도 한 가지 방법이 될 수도 있다.

젊은 미남 대통령 케네디. 국민의 땀과 헌신을 요구한 대로, 자신이 국민의 입장이 되어 국가인 아내 재키에게 그대로 할 수 있을까? 세상이 다 아는 바람둥이였는데. 커피 마시고 싶은 아내에게 "커피"라는 말이 나오기 전에 커피를 타줄 수 있는 남편은 얼마나 멋진가! 누군가에게 대접받는 소중한 존재라는 생각을 가지고 사는 아내라면 얼마나 행복할까? 외도를 하더라도 절대 들키면 안 될 일이다.

클린턴은 걸프전을 승리로 이끈 아버지 부시를 나빠진 경제로 공략하여 대통령이 된 인물이다. 아이러니하게도 "바보야 문제는 아내야."라는 말은 자신의 외도가 아내 탓이라고 들린다. 그런 외도가 파경에 이르게 될지, 일회성 찻잔 속의 태풍으로 그칠지는 몰라도 양심을 갉아먹는 일이다.

이름 부르는 것만으로도 가슴 설레던 연애 시절의 아내를 생각하면서 지루한 장마에 힘들어하는 아내에게 애정을 담은 말을 건네 보자. 사랑한다고. 무더운데 애쓴다고. 좀 더 힘내자고.

함께….

도시에 내리는 비

도시 아파트에서 보는 비는
소리마저도 물질적이다.
영혼 없는 소리!
애써 천둥 번개를 더한다 해도
처마 끝에 내리는 비의 운치에 비할까.

오마지 않은 님을 기다리는 한 장 창호지가
벽이 될까 두려워 한껏 열어젖힌들
열릴 듯 닫아 놓은들
무심한 비가 내 님을 데려올까?

아파트 주차장에 내리는 비는
고일 줄도 머물 줄도 모르는 채 아래로만 아래로만

흐르는구나!
고인 그리움을 뒤로한 채…

비 오는 날의 운치를 느끼기에 아파트는 영 아닌 것 같다. 어디 비뿐이겠는가? 다닥다닥 붙어있으면서 철저히 차단을 추구하는 공간. 사람 냄새가 파고들 실낱같은 틈도 허용하지 않는다. 단열과 방음을 위해 두텁게 둘러쳐진 벽은 열과 소리를 못 나가게 붙잡아 두기도 하지만, 들어오려는 모든 것을 철저히 차단하기도 한다. 소중한 '관계'를 포함해서. 전통 가옥의 처마를 빼앗아 간 공간. 사람이 머무는 향기가 아니라 잿빛 콘크리트의 물질적인 냄새. 살아가는 공간이라기보다 사고파는 데 더 관심을 갖는 이상한 주거 형태.

이런 곳에 운치가 깃들 여지가 없다. 천둥과 번개마저도 그저 소음일 뿐 다른 많은 소리에 묻혀버린다. 대문 열고 들어와 처마까지 마당. 처마부터 비로소 집. 너무 많은 이야기와 사연들이 다녀간 시골의 마당은 얼마나 풍요로운가! 습기와 비가 불러낸 지렁이조차도 아름답다. 비가 머물다 지나간 뜰에서는 숨 두 칸인가. 내음마저 상큼하다. 까맣게 포장된 도시의 아스팔트 위에 흔적도 없이 다녀간 비에 비할까.

아래로 아래로 흐르면서 반지하 서민의 집에 들이치는 같은 물의 불공평함이여.

페이스북

얕은 인간관계

소외에 대한 두려움?

좋은 면만 보여주려 누적되는 피로감

'좋아요'에 민감한 초보

넘쳐나는 페친에 감수해야 하는 일방통행

안 하면 뒤처질 것 같은 불안감?

안 하고 몇 날 몇 주 지나도 아무렇지 않은

사실 아무것도 아닌 것,

그 아무것도 아닌 것이

습관이 되어버린 그 어떤 것!

직접적인 대인 관계 대신 SNS가 판치는 요즘 "사람들 사이에 정상적인 관계 맺음은 과연 무엇일까?"하는 의문을 종종 갖는다. 대세인 만큼 안 하자니 뒤처지는 것 같고. 해보니 사실 별것도 아니던데. 이렇게 사람들이 소통에 목말라 있었나? 온라인 공간에서 비대면으로 나누는 대화가 무슨 의미가 있을까? 서로에게 보여주는 것은 과연 서로의 진정한 모습일까? 환상이 아닌? 문제는 SNS가 갖는 사회적 이슈의 확장성에 있는 것은 아닐까? 안 하게 되면 정보 습득에서 뒤처질 것 같은 불안감! 이제는 손안으로 들어온 정보의 바다. 어린이부터 팔순의 노인까지 휴대폰이라는 이름으로 필수품이 되어버린 수명 오 년 남짓의 고가품. 내가 묻히고 뿜어낸 페로몬의 결정체.

초보 시절에 '좋아요'에 민감한 적이 있었다. 컴퓨터로 페이스 북을 하던 시절. 당연히 페친이 많던 사람들이 선망의 대상이던 시절. 가끔 페이스북에서 오랜만에 만난 친구들이 마냥 반갑던 시절. 그들의 일상과 올리는 사진 그리고 글이 정겨웠던 것도 사실이다. 생사라도 확인하고픈 친구가 하나 있는데 페이스북에서는 확인 불능이라 서운하다. 상투적인 습관이 되어버렸다면 이제라도 훌훌 털고 나올 일이다. 직접 대면을 위해 아니면 목소리라도 들려주기 위해!

술이 흐르는 강가에서

술이 마르지 않는 술동이 옆에 두고
곁에 있어도 그리움이 흐르는
오래된 친구와 한잔하고 싶다.

세파에 변하지 않은
아니 조금 변했어도 아직 철이 안 든 건지, 순수한 건지
여전히 조금은 모자란 듯한 어눌한 언사에
술기운을 섞어
인생을 탄주하고 싶다.

그 친구 눈에 눈부처로 자리 잡은
철부지 내 모습도 보고 싶다.

여전히 철들지 않은 내 모습!
철들려 몸부림치는 나를 보는
친구 눈 안의 나.

술을 끊을 수 있을까? 아니면 적당히 마실 수는 없는 것일까? 술이 취하기 전에 자리를 박차고 나올 수 있는 것은, 술잔을 잡지 않는 것보다 더 어려운 일이고 아무나 할 수 있는 일이 아니다. 마셔본 적이 있는 사람은 다 안다. 그것은 주선(酒仙)의 경지라는 것을. 시간과 행위마저 돈으로 환전되는 이 세상에서도 풍류를 아는 사람이라면 더욱더. 빨간 뚜껑의 소주 한 병은 사치하지 않는 낭만이라는 것을.

누가 그랬던가. '직장인의 하루는 카페인으로 이륙해 시달리다가 알코올과 함께 쿵 소리 내며 착륙하는 셈'이라고. 시골 5일 장에서 만난 친구와 기울이는 탁배기 한잔이나, 점심 이후 참과 함께 나오는 막걸리 한 사발도, 퇴근한 직장인의 그것과 크게 다르지 않으리라. 삶의 무게를 잠시나마 잊게 해주는 잠

간 다녀온 유토피아. 이상향인지 존재하지 않는 천국인지….

친구 만난 시인이 술을 주문한다. "뱃속의 술 벌레가 꾀병을 부리네요. 냉장고에서 제일 오래 떤 놈부터 해방시켜 주세요." 가벼운 주머니 사정이 뭐가 대수리요. 친구가 옆에 있는데. 모름지기 술은 친구와 마셔야 제맛이 아니던가. 함께한 시간 옛이야기보다 맛난 안주가 또 있을까? 정년 가까운 나이에 미래는 무엇이며 하루 지나 어제가 될 오늘은 또 무슨 의미란 말인가! 그저 이 순간에 충실하면 그만인 것을. 혹시 또 아나? 기상천외한 시상(詩想)이 떠올라 오늘 이 시간이 삼백예순 날이 될지!

기분이 안 좋을 때는 술잔을 잡을 일이 아니다. 아름다운 단조(短調) 음악이 슬프게만 들리고 왜곡된 시공간이 자꾸 잡아끈다. '지나간 미래'와 '다가올 과거'가 술잔에 섞여 나를 나무란다. 술잔이 무겁다. '쿵' 소리 내며 착륙하는 것과 또 다르게. 내려앉지 못하는 영혼이 술잔 주위를 맴돈다. 갈 데 없는 영혼이 가고 싶지 않은 길을 나설 이유가 있을까!

술좌석에서 주천(酒川)이라는 호를 쓴다. '술이 흐르는 시내에서 고독을 안주 삼아' 낭만적이지 않은가? 어차피 인생은 혼자 사는 거고 누가 대신 취해주지도 않는다. 나름 우아한 이름이라고 생각했는데 강적이 나타났다. 어딘가에서 읽은 내용이다. '주선(酒仙)의 호는 낙타였다. 주봉(酒峰)과 사람으로 둘러싸인 인봉(人峰)을 가졌다고 하여 쌍봉낙타와 비슷하다는 것이다.' 주봉에서 급하게 흘러내려 내(川)를 이룬 주천(酒川)이 상대가 되려나? 친구를 만나니 천 잔의 술도 모자라는구나. 술이 마르지 않는 술동이가 뭐 대수리요. 한순간 욕심과 집착이며 객기인 것을. 다 마시지도 다 나누지도 못할 무지개 너머의 무거운 술동이.

알코올로 이뤄낸 것들은 각성의 순간 모두 증발하고 만다. 술이 갖는 휘발성 때문인가! 그렇다고 술잔 들고, 술 깬 후의 슬픔을 미리 생각하는 것은 술에 대한 예의가 아니다. 시간에서 풀려나 사는 재미 중 술보다 더한 것이 또 있을까? 잠깐 몸을 떠나온 영혼도 용서가 되리. 찾아오지 못하지만 않는다면.

술잔 속에 스민 고요한 달을 마시며 하 없는 사랑에 취하고 싶다. 당신의 눈동자에 뜨는 달, 두근거리는 가슴에 울렁이는 달. 술잔에 비치는 달그림자 세 개. 불취불귀(不醉不歸)라고 했던가! 근심 쓸어낼 비질 한 번 해보자. 오늘 밤 술은 어디서 깰까?

석탄발전소 반대 집회

바로 내일이 석탄발전소 반대 집회가 있는 날!
나는 이 집회가 석탄발전소 건설에
큰 영향을 주지 못한다는 거 다 안다.
돈이 얼마가 걸린 일인데
GS 측에서 준비를 소홀히 했겠는가!
인허가 과정에 있던 관계자들도 안전장치 다 해놨겠지!

그래도 우리가 이런 일을 하는 이유는
이 지역에는 아직도 돈이나 권위보다 진실을 추구하며
사는 사람들이 있다는 것을 보여주기 위함이다.

'아무도 미워하지 않는 자의 죽음'에서
나치 독일에 대항하며

전단지 살포하던 청년들처럼!
고리끼의 소설 『어머니』에 나오는
아들이 못다 한 전단지 뿌리는 일을 혼자서 대신하는
어머니의 심정으로

대기업에 막대한 특혜를 주며 들여온 석탄발전소!
도대체 누구 작품인가?
일부 찬성하는 사람은 무엇이며
애써 침묵하는 이들은 또 뭐란 말인가.

다른 형태의 삶을 산다고
서로 반목하지는 말자!
서로를 인정하면서 진실은 항상 승리한다는 확신을 가지고
우리는 그들보다 강하다는 사실을 보여주자.

석탄발전소가 들어온단다. 청정 지역 내 고장 포천에 소리 소문도 없이 슬그머니. 고체쓰레기연료(SRF)를 때는 공단에 청

정에너지를 공급한다는 미명 하에. 이 지역 사람들을 모두 바보로 알고 추진하는 일인가? 언제 제대로 된 공청회 한 번 열어본 적이 있는가! 지금 전국적으로 석탄발전소를 없애는 추세인데 서울과 불과 몇 km 떨어져 있지 않은 이 지역에 석탄발전소라니. 동의해줄 주민이 하나도 없으리란 걸 알고 공청회를 생략했나 보다. 포천이 분지여서 오염된 대기가 빠져나갈 수 없고, 발전소를 가동하는 데에 따른 공업용수 문제, 인천항에서 석탄을 싣고 오는 데서 발생하는 석탄 분진 문제 등 석탄발전소를 건설하는데 어느 것 하나 유리한 조건이 없는데, 무슨 힘이 어떻게 작용했는지 GS건설 측은 인허가를 따냈고 머지않아 공사가 시작되는 모양이다.

애초에 석탄발전소는 GS측에서 LNG로 추진하던 사업이었다고 한다. 그때 우리 지역 주민들은 아무런 반대가 없었다. 그런데 어느 날 갑자기 석탄발전소로 바뀌었다. 물론 그 중심에는 돈 문제가 있다. 수십 배의 이익이 걸린 문제이니만큼 GS측에서는 갖은 편법과 불법을 동원하여 일을 추진했다. 그 와중에 정당한 절차나 과정은 생략되고 주민들의 일방적인 희생만 강요되고 있다. 사업에 찬성할 주민이 누가 있겠는가.

나는 석탄발전소반대투쟁운동본부(이하 석투본) 사무국장으로 참여했다. 내가 기획하고 참여했던 일을 디테일하게 언급하고 싶지는 않다. 일을 추진하면서 놀란 것은 시민들의 너무나도 뜨거운 참여 열기였다. 석투본에 보내주신 물심양면의 성원에 감사드린다. 난 이것으로 '우리는 성공했다.'고 생각한다. 냉전 시대에 안보 논리로 희생을 강요하더니 이제는 수도권이라는 이유로 갖은 규제를 가하는 정부에 우리의 결기를 보여준 것만으로도 우리는 절반의 성공을 거두었다고 생각한다. 우리는 이번 반대 운동을 통해 돈이나 안락함보다 더 중요한 게 있다는 것을 보여주었다. 민주주의 절차상의 문제와 환경 문제다. 특히 환경 문제는 우리만의 문제가 아닌 우리 다음 세대의 문제가 아닌가! 누가 누구 마음대로 후대의 삶을 예단하고 강제한단 말인가!

나치 독일에 저항하던 독일의 젊은이들은 전단지를 살포하며 히틀러에 대항한다. 고리끼의 소설에 나오는 어머니도 아들이 하다 만 전단 뿌리는 일을 계속하며 저항한다. 전단 뿌리는 행위가 나치나 황군(皇軍)을 막을 수 있을까? 하지만 그들이 그런 행위를 하는 이유는 이 사회에도 '반대하는 사람'이 있다는 것을 '죽음을 무릅쓰고라도 진실을 추구하는 사람들'이 있다는 것을 보여주기 위함이다. 그들의 노력이 '독재'라는 거대한 둑에 작은 개미굴을 내어 결국 둑을 무너뜨렸다. 우리의 작은 노력도 이 지역 환경 운동에 밀알이 될 것이다. 순수함과 절실함을 무기 삼아 부정한 힘에 대항하는 제대로 된 환경 운동을 전개할 것이다. 대대로 이 지역에서 생활하게 될 다음 세대들을 위해….

석탄발전소

내 고장에는 나무에 검은 꽃이 핀다.
열매도 검고 뿌리도 검다.
파란 하늘 흰 구름
그 아래 굴뚝에서도 흰 연기뿐인데
꽃도 열매도 뿌리도 까맣다.
애처로운 까만 꽃!
모두가 외면하는 까만 열매
그 나무는 흰 눈 내리는 겨울에도 까맣다.
다 자라고 나서도 까만 영혼을 숨길 데가 없나 보다

꽃 피기 전에는 아무도 몰랐다.
심는 사람이 그랬으니까.
예쁜 꽃에 달콤한 열매라고.

그리고 그 사람은 떠났다.

까만 꽃이 피기 전에 서둘러

까만 꽃에 자신의 검은 양심을 얹은 채

나무 판 돈을 챙겨서 아무도 모르는 곳으로

까만 나무가 없는 곳으로

내년에 이 나무는 더 퍼지리라

수원산 넘어 운악산 지나

서울로 대구로

바다 건너 제주까지

까만 나무를 뽑는 손에 저주가 묻어난다.

까만 땀이 흐르는 이마에 분노가 절망이 섞인다.

십수 년 전 한 무리의 어른들이 심은 탐욕!

그 양심을 빼닮은 까만 나무!

그 까만 나무를 뽑느라

까만 땀이 흐른다.

나무 심을 때 솜털이 송송 나 있던 그 이마에.

석탄발전소 반대 집회는 아무 사고 없이 포천 시민들의 열화와 같은 성원에 힘입어 성황리에 끝났다. 특히 인상적이고 감사한 점은 노인 분들의 참여가 많았다는 점이다. 체육관에서 멀리 떨어진 면(面)에서 리(里) 단위로 차를 대절해서 어린 손주들의 손을 잡고 참여해주신 고마운 분들이다. "평생 집회라고는 처음 참석해 본다. 후손들이 계속 살아가야 할 우리 고장의 환경에 관한 일이라 가만히 있을 수 없었다."고 말씀하신다. 이런 순박한 분들까지 무더운 날씨에도 끝까지 함께 자리를 지켜주신 데에 대해 감사드린다.

더 이상 무슨 말이 필요하겠는가!
"산은 산이요 물은 물이다."
더하여
"선(善)은 선(善)이요 악(惡)은 악(惡)일 뿐이다."

늦더위

봄이 기다림의 계절이라면
가을은 청하지 않은 손님처럼 다가온다.

지친 여름의 끝자락에 매달려
올 듯 온 듯,
마치 청하지 않은 손님이
문을 두드릴까? 그냥 열고 들어갈까?
망설이듯이…

기다리는 봄을 시샘하는 꽃샘추위는 있어도
인디안 섬머는 미국에나 있다.
봄을 기다리는 마음이 절실함이라면
여름 가기를 바라는 마음은 느긋함이랄까?

폭염의 막바지에 서서
봄부터 애쓴 성과를 바라보는 넉넉함

유난히도 더운 올여름!
감히 과거형으로 쓰기 두려운, 진행 중인 폭력
밤의 안식마저도 겁탈하는 열대야

그래도 다가오는 가을은 산들바람 앞세워 찾아오리라
여름 지나면서 치명상을 입은 게 아니라면
피할 수 없는 여름의 마지막 광기를 느긋하게 음미해 보자.

서늘한 가을도
매서운 추위와 비발디의 봄을 안고
머무를 것을!

여름에서 가을로 넘어가는 시기에는 보랏빛 나팔꽃이 핀다. 파란색에 더 가까운 보랏빛 나팔꽃이. 바라만 보아도 마음이 차분해지는 색과 자태. 하늘은 매일 조금씩 더 높아지고, 햇볕 피한 그늘은 끈적임마저 과거형이다. 하늘은 회색빛 말잠자리를 빨간 고추잠자리로 대체한다. 사방에 흩어진 기세 높던 여름의 사금파리. 봄을 기다리는 마음이 애끓는 절실함이라면, 가을은 지친 여름의 끝에 매달린 여유로움이라고나 할까. 다시 더워진다 해도 초봄의 꽃샘추위와는 비교가 안 되는. 겨울에 자리를 내줄 때까지 차지하는 넉넉함이 좋다. 치열하고 각박한 여름을 대신한 그 너그러움이 좋다.

요즘 들어 여름은 폭염(暴炎)이라는 표현도 부족하다. 햇볕 피할 길 없는 모든 공간에 내려앉는, 광염(狂炎)에 더해 에어컨이 내뿜는 뜨거운 이기심까지. 까만 아스팔트 위의 회색 빌딩은 그늘도 만들 줄 모른다. 온통 그늘인 밤에도 이 열기는 여전히 시간의 주인이다. 갈데없는 도시의 여름밤. 짧되 지루한, 안식을 빼앗기고 하얗게 느려지는 여름밤은 푸르게 깊어 간다. 쪽방촌의 할머니에게서 먼저 간 영감 만나볼 시간까지 앗아가며.

또다시 뜨겁게 달구어질 내일을 예고하는 반갑기 않은 동해의 일출. 설악산 지나 지리산 넘어 만리포 앞 바다에 질 때까지 반도에 뿌려질 뜨거움과 끈적임이 두렵다. 낙엽 쓸고 눈 치우는 게 일인, 출가한 지 얼마 안 되는 비구승에게나 열기가 전달되지 않으려나.

깊은 산사(山寺)의 산들바람이 속세까지 밀려들며 끈적임을 몰아간다. 어느 도시에나 있는 산에서 지루하게 지친 초록은 다양성을 드러낸다. 단풍에 더해 등산복의 다채로움까지.

그렇게 여름이 간다. 뜨겁고 지루하고 끈적이던 여름이.

장현 가는 길

친구 찾아 장현 가는 길
30분 남짓인 이 길을 오늘은 버스로 간다.

혼자 하는 여유로움!
그동안 핸들 잡고 느끼지 못한 사색과 성찰의 시간이
이렇게 달콤할 줄이야.

남에게 뒤처지지 않으려 앞만 보고 달려온 시간들.
사실 앞장 서봐야 자신의 그림자 이외에 뭘 더 보겠냐마는
그게 자랑인 줄 알고 50년 넘게 살았다.

운전하고 다니며 지금처럼 생각 정리할 시간이 있었나?
사방 신호등에, 과속방지턱에, 감시카메라에….

극도로 운이 나쁘다면 자해공갈단까지.
낯선 도시에서 이방인으로서 느끼는 이질감에
맞춰야 하는 시간의 스트레스까지.

평범한 군상의 일부가 아니라
'나'라는 고유명사의 손에 들린 책이 자랑스럽다.

운전 스트레스 없다며
'술 벌레' 핑계 대는 나를 친구가 반가이 맞아준다면
오늘은 낮술을 마다하지 않으리라.

설마 찾아온 친구가 계산할 일은 없겠지?

남양주 진접면 장현리에는 고등학교 동창이 산다. 자동차 공업사를 운영하고 있다. 객지에서 혈혈단신 노력으로 자수성가한 친구. 둘 다 술을 좋아하는지라 틈만 나면 친구를 찾아 장현에 간다. 사람들 버릇이란 게 참 묘하다는 생각이 든다.

술 마시게 될 줄 알면서도 운전하고 간다니. 올 때는 물론 대리로 오지만, 술꾼 입장에서 아까운 돈이 '주차비'와 '대리비'던데, 시간 맞춰야 하는 스트레스에 기다리는 시간, 내려서 걸을 것까지 생각하면 선뜻 버스를 타게 되지 않는다. 관성적으로.

버스 타면 좋은 점이 의외로 많다. 버스 안에서 책 한 권 읽을 수도 있고, 차창 밖을 바라보며 이 생각 저 생각 또는 그저 멍때리는 시간도 달콤하다. 핸들 잡았을 때는 보이지 않던 아니 볼 수 없었던 풍경들과 독특한 이름의 간판까지. 버스 기사가 해결해 주는 모든 운전의 스트레스는 또 어떤가? 황색 신호등 앞에서의 갈등, 단속 카메라와 과속 방지턱, 낯익지 않은 도시에서 내비게이션과 벌이는 신경전에 가장 무서운 사람과의 부딪침까지. 자해공갈단에 보험 사기단도 있다던데…. 이 모든 걸 나 대신 해결해 주는 버스 기사가 그저 고마울 따름이다.

가끔은 옆자리의 초면인 승객과 의외의 대화를 나눌 수 있는 호사가 찾아들기도 한다. 아직은 완전한 관조자의 입장은 아니지만 지나온 세월을 반추하며 오가는 진솔한 대화. 자랑보다는 제일 무서운 마누라와 자식의 이야기가 주를 이룬다. 한 번도 연락해본 적 없으면서 전화번호를 교환하는 버릇은 언제 없어질 것인가?

오늘도 친구가 반갑게 맞아준다. 버스로 왔다니 대리비로 술값만 내란다. 안주는 자신이 살 테니. 얻어먹는 술은 맛이 덜하던데…. 아니지 술은 내가 산 게 아닌가!

가버린 친구를 생각하며

야구선수가 휘두르는 방망이 끝에도
농부의 땀이 밴 괭이자루에도
설거지통에 손 담그는 주부의 손등에도
인생이 있고, 사색과 성찰이 있으며 철학이 있다.

그 야구선수, 농부, 주부도 모두 사람이다.
삶에 정형화된 틀이 어디 있으며
우열은 있는가?

누구의 삶인들 소중하지 않으며
사랑받지 않아도 되는 사람이 누가 있겠는가.

떠나보낸 이를 그리워하는 마음이 슬픔이라면

오마지 않는 이를 기다리는 마음은 설레임일 텐데…

산 몇 개를 사이에 두고 소중한 이와 떨어져 있다면 마음이나 목소리 말고 '나'를 보낼 일이다.

산이 아니라 무지개를 사이에 두고 그리워하기 전에.
갑작스레 떠나버린 친구를 생각하며,

우리도 이제 장례식장의 주인공이 되는 나이가 되었나 보다. 갑작스런 사고사가 아니라 늦게 발견된 병으로 손 쓸 시기를 놓쳐버리고 맞은 중년의 안타까운 죽음. 그런 줄도 모르고 술잔 기울이며 함께 한 시간이 미안할 따름이다. 어쩌면 이런 미안한 감정을 가질 필요가 없을 지도 모른다. 그게 그 친구에게 주어진 수명이요 숙명이었다면, 인생이란 제한된 시간에 함께 했던 추억은 생을 마감하는 마당에 아름답게 반추되었으리라.

소아마비란 장애를 안고 평생을 농부로 살아온 친구. 밭 한 귀퉁이에 좁은 농막을 짓고 농번기 농한기를 가리지 않고 친구 불러 모아 한담(閑談)하기를 유일한 낙으로 삼았던 친구. 헤어질 때면 밭에서 수확한 무엇이라도 쥐어 보내야 직성이 풀렸던 친구. 요즘 '순박하다'는 말은 욕인가? 그 순박한 친구를 보내고 남은 이들이 모인 술자리. 이빨 빠진 사기그릇처럼 모양이 흉하다. 빠진 부분보다 남은 부분이 훨씬 많은데, 막걸리 한 잔 채우는 데 아무 지장이 없는데, 같이 마시던 친구는 이제 안주가 되었다.

정형화된 틀이 없는 인생. 그 친구가 추구하던 것은 무엇이었을까? 신문 '부고란'을 장식하는 유명 인사들의 인생과 무엇이 다른가? 이루어 놓은 것, 다른 사람들에 의한 평가? 소박하게 표 안 나게 세상을 살다 간 친구가 벌써 그립다.

친구와 함께 제주도 가보지 못한 게 한(恨)이다. 내일도 오늘과 같은 모습이겠지 미루고 미루다가….

늦은 비

가을을 재촉하는 건지
가는 여름을 아쉬워하는 건지
뜻밖의 빗줄기가 반갑고 측은하다.

이 세상에 아무리 물이 풍부한들
비가 없다면 세상은 얼마나 무미하며
삭막할 것인가!
이름만 해도 수십 개나 되는 낭만!

내리는 눈이 같은 두께의 공평함이라면
아래로만 향하는 비는
공평치 못한 매정함인가!

오랜 친구가 눈 맞고 와서
나 없는 집에 흔적을 남기고 간다면
지나간 첫사랑은
가린 우산 속에 걸음을 재촉하리라.

벌써 그친 비는 소나기였나?
천년이 되도록 이 강산을 떠나지 못하는…

비는 마음을 차분하게 한다. 장마나 태풍의 재난 수준이 아니라면, 호수에 처지는 희뿌연 장막조차도 들뜬 마음을 가라앉히고 주변을 돌아보게 한다. 겨울의 끝자락에서 기다리던 님 같은 봄비나, 오월의 신록을 살찌게 하는 부슬비, 애타는 가뭄 끝에 내리는 감로수 같은 빗줄기와 끈적임이 맴돌다 퍼붓는 시원한 소나기까지.

비는 계절을 알리는 전령이다. 봄비 가을비에 겨울비까지. 너무 흔해 당연한 그래서 이름조차 갖지 못한 서러운 여름비.

할 일 다 하고 원망만 들으며 퇴장하는 여름을 전송하는 이 비는 여름비인가 가을비인가? 늦더위 끝에 매달려 가을을 잡아끄는 이 비가 반갑다. 단지 더위를 식히고 끈적임을 몰아내서가 아니라, 숫자로 표기되는 시간의 흐름을 오감으로 느낄 수 있기 때문이다. 아지랑이 피어나는 흐물거리는 아스팔트 위에도 고층 아파트 앞 단독 주택의 낮은 지붕 위에도, 머금은 물이 강보다 많다는 벼 익어가는 논에도 공평하게 퍼붓는 비. 눈이 온 세상을 하얗게 덮는 위선이라면 비는 삶의 민낯을 보여주며 아래로만 흐르는 순결함이다. 가까이 다가온 선명한 도시의 앞산. 찌든 때 씻어낸 건물과 활기 찾은 직장 동료가 내뿜는 상쾌한 숨까지. 왠지 거짓말하면 안 될 것 같은 상큼한 공기가 회색 도시에도 내려앉는다. 비 온 후에.

그 비에 밀려 여름이 간다. '열매가 열리다'와 비슷하기도 하고, 감자를 삶아내는 '뜨거운 열'과도 비슷한 여름이. 이름 없는 여름비에 밀려서.

이 땅의 아버지

아들의 메이저리그 첫 승에 아들을 포옹하며
뜨거운 눈물을 흘리는 아버지!
아들이 이루어낸 성과 때문일까?

성과 때문이라고 생각한다면
아버지가 아니라 아빠다.

짓눌리는 책임감과 자신의 삶을 맞바꾼 사람들.
남이 대신 져주지도, 남과 나눠서 질 수도 없는 인생의 짐.
줄지 않는 짐의 무게와 함께 흘러간 세월!

아버지 능력의 한계를 보고
금수저 극복하려 밤잠 줄여가며 공 던지는 아들.

그 아들 바라보며 흐뭇하면서도
서글퍼지는 가로등 아래 처진 어깨.

그 아버지의 아버지도 그랬을
그 책임감 자괴감을 아버지 되어 느끼는
아버지 그리워하는 아들.

이제는 꿈에도 잘 나타나지 않는 보고 싶은 아버지!

학교에서 유리창 깬 그 큰 걱정거리를
너무도 쉽게 해결해 주시던 아버지.
그 높고 넓었던 아버지의 어깨.

영화 '국제시장'의 대사
"아버지 저 이만하면 그래도 잘했지요?
그래도 저 힘들었어요."에 공감하는 이 땅의 많은 아버지들.

어렸을 때 아버지를 한 번도 '아빠'라고 부른 적이 없었다. 방학 때마다 내려오는 서울 사는 옆집 친구의 '아빠'라는 지칭이 부러웠다. 부러우면 나도 아빠라고 부르면 될 것을 아버지라는 삼 음절을 이 음절로 바꾸기가 그렇게도 어렵더라. 그 처음을 시작하지 못해서 평생 아버지라고만 부르며 살았다. 아쉬움이 남는다. 그렇다고 돌아가신 아버지가 아빠라고 불러 살아오신다면 모를까 이 나이에 아버지를 아빠라고 부르고 싶지도 않다. 나이 들었다는 방증일 것이다. 군대 다녀온 아들에게 아버지라는 호칭을 듣고 싶으니.

왠지 모르게 아버지라고 하면 책임감이 먼저 떠오른다. 아빠라는 친근감에 대비되는. 책임은 이 세상을 살아가는 가정 꾸린 모든 남자들의 존재 이유가 아닐까? 부모님에 대해서 아내와 자식들에 대해서 책임만큼 숭고한 말이 또 있을까? 책임이라는 말에는 약간의 희생이 따르고 그 희생은 나 자신의 것을 어느 정도 포기한다는 것을 의미하기도 한다. 다들 그렇게 살 것이다. 포기하고 내려놓고 희생하면서.

요즘 들어 '흙수저'니 '금수저'니 하는 말이 유행하는데, 부모로서 자식에게 남들만큼 해주지 못했다는 미안함은 늘 마음 한구석에서 납덩이처럼 무겁게 가라앉아 있다. 아무리 '자본주의가 경쟁을 부추기고 사람을 피곤하게 만드는 제도'라고 제도 탓을 한다고 치더라도, 부모 자식 간의 관계를 논리만으로는 설명할 수 없을 것이다. 나의 아버지도 그랬을 노력과 희생과 미안함. 존재 자체만으로도 내게 큰 힘이 되어준 아버지. 더 잘 할 수 있었는데 이렇게밖에 하지 못한 게 송구하고 안타까울 뿐이다. 자식들에게도 마찬가지다. 더하여 잘 커준 것이 고마울 따름이다.

이제는 노력에도 한계가 있음을 안다. 관성에 의해서 살아가는 나이. 어제와 같을 오늘에 권태를 느끼지 않는 나이. 인생은 철저히 혼자서 사는 것이라는 걸 알게 된 나이. 인생의 말년에서 아버지가 느꼈을 고독을 생각해 본다. 아무리 한집에서 같이 살았다고 해도 오롯이 아버지의 몫이었을. 말 한마디 더 살갑게 건네지 못한 것이 한스럽다.

아흔 바라보는 아버지에게 아들이, 아빠 대신 아버지라고 불리고픈 아버지가.

새벽 보름달

추석 지나 새벽에 보는 보름달은 여전히 눈부시다.
청아한 이슬을 탄주하는 귀뚜라미 소리와 함께.
이 시각!
개울 건너 음식점에서
영혼 떠난 단백질 태우는 냄새가 없어서 좋다.

우리 동네의 어설픔.
내가 살아가는 이 시대와 사회의 불확실성!
수많은 욕심이 또 다른 욕망을 불러오는 인간군상에 비해
하늘의 섭리는 얼마나 오묘한가!

보름 지나 오른쪽으로 약간 기운
여전히 보름달.

여름 지나 전갈자리 없어졌다고
존재감 드러내는 오리온자리.

벌써 추수 끝난 논은
'비어있음'이 주인이었나?
모에서 벼로, 다시 쌀로 수확해간
인간의 욕망이 주인이었나?

가로등 위의 달!
갖은 인공조명에 함몰되기 전에
그 은은한 여운을 음미해 보자,
가을의 향기에 취해 보자.

물고 있으면 시릴 것 같은 차가운 보름달이 되기 전에⋯.

긴 시간

집 생각으로 가득했던
입학 후 첫 수업 시간
8교시가 시작되며 주목한 초침의 느린 걸음
그 느린 걸음이 돈 50바퀴

위병소부터 집 대문까지 10시간
첫 휴가 나온 일병이
위병소 지나 버스 정류장까지
복무 기간 27개월보다 길었던
걸어서 30분

시선 처리조차 쉽지 않은
50대 초반 초보 노가다에게

일곱 시간보다 긴
끝나기 전 한 시간

친구 찾아 부산 가는 길
옛날엔 한 달 걸렸을
내 차 타고 가는 다섯 시간

독일 상대로 1:0 리드 지켜야 하는
4년보다 길었던 40분!

그렇게 짧았던 시험 시간?
결과 궁금한 그 긴 시간

그렇게 긴 시간에 녹아든
짧은 인생

벌써!

본가 포천에서 처가 경북 의성까지 320km는 거리인가 시간인가? 평시냐, 휴가철이냐, 명절이냐에 따라 변하는, 같은 거리에 달라지는 시간! 아내는 친정 간다는 조급함까지 더해 더 길게 느껴지리라. 시간은 '객관적 실체가 아니라 주관적 인식'이라지만 거리에 견주어 생각하는 시간은 또 다른 문제이다. 교통수단이라고 해 봐야 말밖에 없던 시절과 지금이 같을 수 있을까? 느낌의 문제가 아니라 걸어서 보름 걸리던 길을 자동차로 반나절도 걸리지 않는 요즘은 거리가 시간의 문제가 되었다. 머무는 삼일보다 더 긴, 오가는 데 걸리는 반나절 남짓의 시간!

고등학교를 수원에서 다녀서 처음으로 집을 떠나 기숙사 생활을 하게 되었다. 목요일에 입학식을 하고는 바로 이어진 금요일의 첫 수업. 매시간 귀에 들어오는 것은 하나도 없고 집 생각만으로 가득했던 그렇게 길었던 50분씩 여덟 번. 붉게 물들어 쉽게 어두워지지 않던 여섯 시 언저리의 시간들! 100여 명 모든 기숙사 학생들이 같은 마음이었을 테지. 낯선 세상에서의 첫날은 지루함에 불안함까지 더한 채 느리게 간다.

그날 밤은 거의 뜬 눈으로 지샜다. 집이 전라도나 경상도가 아니라는 게 축복이라고 생각하면서. 다음 날 집에 가는 데 걸린 시간은 세 시간이 아니라 삼십 시간이었다. 하루 자고 세끼 먹고 간 일박이일보다 훨씬 긴, 집까지 거리 세 시간! 기숙사로 오는 길은 거리도 아니고 시간도 아니다. 멀어지는 집에 대한 아쉬운 감정도 없이 그저 미래를 향해 기계적으로 떼놓는 발걸음. 나는 버스나 전철에 실린 학생이 아니라 짐이다. 의식 없는 짐에게 흘러가는 순간의 합도 시간인가? 당시는 생각하지 못했던 어머니가 느끼셨을 다음 만남까지의 그 멀고 긴 시간. 그 모성을 헤아리지 못하는 아들에게 다녀간 같은 시간.

대한민국 남자에게 군대 생활처럼 긴 시간이 또 있을까? 무개성(無個性)과 통제를 강요받는 청춘. 선택 사항이라면 절대 오지 않았을 군대. 벗어날 수만 있다면 무슨 일이라도 할 것 같았던 피 끓는 청춘에게 삼십 개월이 느리게 느리게만 흘러간다. 관성이 붙었다 해도 지루하게 흐르는 그 긴 시간.

신의 영역이라는 시간. 누구에게나 똑같이 흐르되 그 시간이 공평할 수 있을 까? 오십 대 초반 초보 일용직에게나 여덟 시간의 임금(賃金)이 아까운 건축주에게나. 등껍질 터진 채로 보도블록 위에서 말라가는 달팽이에게나 무심이 지나치는 행인에게나.

'긴 하루 짧은 일 년'처럼, 짧은 인생에 녹아있는 긴 시간!

주무시는 어머니를 보며

병원 간이침대에 작은 몸 겨우 구부리고
잠든 여인을 본다.

팔순 넘어 고관절 수술받은 남편
병수발하느라 지친 일흔여덟의 야윈 몸!
괜히 자식들 눈치 보느라 더 왜소해진 어깨.
매일 들르는 아들 내외가 늘 반가운 얼굴.

일제시대에 전쟁에 보릿고개에
모든 고난이 파놓은 이마의 주름도
누운 남편의 고통에 비할까?
자식에게 짐이 된 듯한 미안함에 비할까?

여든 걸음도 넘던 수술실 복도를
아흔 번 넘게 왕복하며 든 생각!
나는 제대로 된 아내, 어머니였을까?
군대에 있는 손자에게는…

나마저 병을 얻어 눕게 된다면 안 되는데…
아들이 너무 힘들어서
며느리 볼 면목이 없어서

제대하고 올 손자 손도 잡아 보고
넓은 어깨에 안겨도 봐야 하는데.

세상에서 가장 작은 몸을 구부려
병원 간이침대에 잠이 든 편안한 얼굴의 할머니!

그 할머니의 아들은 잘하고 있나?

이 세상의 어머니에 대하여 무슨 할 말이 또 있을까? 힘든 세월을 자식에 대한 희망으로 희생하신 이 땅의 모든 어머니들. 아직 진행 중인 그 희생! 대가 바라지 않는. 아니, 다 받았다고 생각하는. 이제는 통제되지 않을 몸에 온통 자식이 떠안을 부담이 두려운.

잘해 드리지 못했다는 송구함에 마음이 무거운 아들. 너그럽게 다 이해해 주시는 어머니. 더하여 아들에 대해 온통 걱정뿐인 어머니. 당연이라 여기며 어머니를 우선순위에서 미루어 두고 무심하게 살아온 아들. 곁에 있는 것만으로도 아들이 그저 좋기만 한 어머니. 그렇게 흘러간 팔십 년 넘는 세월.

아버지는 그렇게 다섯 해를 더 사시고 아흔하나에 소천 하셨다. 다행히 크게 힘들어하시지도, 힘들게 하시지도 않으면서.

더 작아진 어머니를 홀로 두고….

오십 중반

날짜를 인식하는데 양력 음력 이외에
절기를 사용하는 게 어색하지 않은 나이

둥지 떠나려는 두 마리 새를 바라보며
만감이 교차하는 나이
나를 키워준 어미 새와
내가 키운 미동조차 못 하던
둥지 안의 새알이었던

이제는 가장으로서 책임감 이외에
자식들이 살아갈 세상을 걱정하는 나이

"돈으로 해결할 수 있는 문제는 그렇게 큰 문제가 아니야,

정말 어려운 문제는

돈이 해결해 줄 수 없는 문제야."라고 공언하면서도

정작 본인은 돈 문제가 가장 큰 문제인

삶의 무게를 고스란히 지고 살아가는 사람들!

모차르트의 경쾌함보다도

베토벤, 차이코프스키의 중후함보다도

이제는 바하와 헨델의 잔잔한 음악이 더 좋은

외부의 자극에 둔해지고 싶은 나이.

많은 이들과 함께했던 시간들

내 취미는 진짜 좋았던 걸까?

행여 접대용은 아니었을까?

아니 무난한 관계 유지라는 미명 하에

비굴하게 살지는 않았나?

비굴하지 않게 살 자신이 없는 나이

그건 뭘까?

그런 세계가 있기는 있는 걸까?

가끔은 친구 장례식장에 가서도
내 삶의 최후를 애써 외면하는 나이
오십 중반!

'목련꽃이 필 때면 꽃샘추위가 오고, 이팝나무꽃이 피면 농부가 바빠진다.'고 한다. 대동강 물이 풀린다는 우수와 개구리가 겨울잠에서 깨어난다는 경칩이며, 백로(白露)와 한로(寒露)는 또 얼마나 우아한 표현인가! 봄과 가을을 계절이나 몇 월이라는 숫자 이외로 바라보는 넉넉한 시선이라고나 할까? 이런 넉넉함에 익숙해진 나이가 되었다. 어느덧.

많은 것을 바꿔놓은 세월. 그 세월에 녹아든 나이. 그저 세상을 따라가며 맞춰가느라 바쁘게 살았다. 뒤처지면 안 된다는 강박감에 늘 쫓기며. 어느새 경쾌함이 경박함으로 중후함은 우울로 바뀌고, 돈 문제는 여전히 삶의 중심에 있다. 다 키워놓은 자식들이 살아갈 세상이 더 걱정인 중년. 걱정한다고 해결될 건 아무것도 없는데 그 걱정이 일상인 무기력한 가장(家長). 젊음과 바꾼 대가에 보람 이외에 다른 것을 찾고 싶은 나이 중년. 친구 부모님이 아니라 친구 본인의 부고장이 짓누르는 여생의 무게.

지금껏 치열하게 살아서 이런 절기에 둔감했던 걸까? 이제 그런 치열함에서 해방되고 싶다. 주변을 그저 두리번거리고 싶다. 벽에 걸린 달력의 디지털이 아니라 우수니 경칩이니 하는 아날로그 세상을 살고 싶다. 신뢰 저버린 친구를 그저 이해하고 묻고 따지지 않으면서 손 한번 잡고 싶다. 지난날의 서운함까지 포함해서.

천 원짜리

그래 봐야

자장면에 떡볶이, 영화 정도였겠지만

갖기만 하면 이루 말할 수 없는

쾌락을 꿈꿀 수 있을 것 같아

몹시 바라던 돈이 있었다.

초딩 시절에 천 원짜리 한 장!

이제는 겨우 보조기능이나 하는 지폐

천 원짜리!

지갑에 넣기도 낯간지럽고

다섯 장이 넘으면 오천 원짜리 혼자서 할 일을

다섯 장이나 붙어, 하고 있다는 안쓰러움에

빨리 임무 교대해 주고 싶은 돈

천 원짜리!

그 천 원짜리를 요즘은 열심히 모으고 있다.
군대 간 아들의 외박이나 휴가를 기다리며…
군대에서 자판기나 짤순이는 천 원짜리로만 작동된다나?

얼마나 인간적인 지폐인가?
아들 초딩 시절에 쥐어 주던 오백 원짜리 동전만큼이나
시급 칠천 원 알바하고 들어오는 딸에게
격려 차원에서 건네는 만 원짜리 지폐만큼이나

아들이 제대하면 물질을 추구하는 피곤한 삶보다는
천 원짜리 손에 쥐고
천 원짜리에 땀을 적시는
천원의 소중함을 아는 소박한 삶을 살았으면 좋겠다.

물론 쉽지는 않겠지만…

돈을 폄하할 때 가장 고액권을 가지고 말하곤 한다. "요즘 만 원도 돈이야?"란 말이 오만 원 권이 나오자 "요즘 오만 원이 돈이냐?"로 바로 바뀌었다. 카드를 쓰는 바람에 따로 현금을 쓸 일이 별로 없는 지금은 어떤가? 한 달간 마음대로 써놓고선 청구서 날아오는 날에 가슴 졸이는 것이 일상이 된 이 시대의 군상들. 어떤 형태로 변하든지 돈으로부터 자유로울 수 있는 사람이 있을까? 피천득 님의 수필 '은전 한 닢'의 주인공 거지에게도, 너무 많아 주체가 되지 않는 재벌에게도 돈은 자유와 거리가 먼 개념이다.

하지만 꼭 필요한 것을 교환하는 데 쓰인다면 문제는 달라진다. 초등학교 앞 떡꼬치와 교환되는 오백 원짜리 동전이나 한여름 시원한 슬러시로 변하는 천 원짜리처럼. 폐지 한 리어카와 교환되는 만 원이 안 되는 천 원짜리 여러 장처럼. 물질적이 아닌 인간적인 돈은 얼마나 아름다운가.

요즘 군대에 있는 모든 자판기는 오직 천 원짜리로 작동된다나? 군대에서 부의 축적 수단이 아닌 교환 수단으로 사용되는 천 원짜리. 신성한 의무 수행하는데 잘 어울리는 지폐. 이번에 아들이 귀대할 때 천 원짜리 마흔여섯 장을 주었다. 그사만 육천 원이 왜 이리도 흐뭇하고 뿌듯한가! 차에 연료 가득 채우고 여행 떠날 때처럼. 애연가가 새 담뱃갑을 뜯고 첫 담배에 불을 붙일 때처럼. 귀대하는 아들 뒷모습이 늠름하다.

다시 휴가 나올 아들을 기다리며 천 원짜리를 모으고 있다. 차곡차곡 쌓이는 그리움에 쌓이는 천 원짜리. 쌓여가는 복무 기간만큼 다가오는 제대 날짜. 더 이상 천 원짜리에 관심 갖지 않을 그날.

커피

분주함과 여유로움의 경계
쓰지도 쌉쌀하지도 않은 씁쓸한 색깔

흐린 오후 네 시의 사치
뭔가를 하기에 너무 이르거나 늦은
테이크아웃에 밀려난 여유

따뜻한 온기가 품은 냉정?
시린 겨울 잠시 거부하는 희뿌연 온기
불평등 거부하는 자판기의 지배자.

강물 따라 가버린 세월
그 세월에 녹아든 앙금!

'시나브로'라는 말이 잘 어울리는 우아한 중독
내게 커피는 취하지 않는 알콜
놀람이 없는 '놀람 교향곡'이다.

커피의 나라 브라질에는 커피 자판기가 없단다. '커피 한 잔 여유롭게 마실 수 없는 삶이 무슨 의미가 있냐?'는 것이다. 커피는 여유다. 뜨거운 커피를 호호 불며 마시든 냉커피에 빨대를 꽂아 빨든, 원 샷을 거부하는 우아한 여유다. 커피를 같이 마시며 싸우는 사람들을 본 적이 있는가? 비 오는 한가한 오후, 혼자 한 테이블 차지하고 커피와 함께 책을 읽는 여인의 모습은 얼마나 낭만적인가! 너와 만나기로 한 그 자리에 먼저 와서 기다리는 동안, 부담 없이 주문하고 마시기에 커피만한 것이 또 있을까.

바람맞고 일어서기에도. 씁쓸한 맛에 상대적으로 싼, 거부 받았다고 해서 크게 낙심이나 원망하지 않아도 될 것 같은. 빈 커피잔에 서글픈 뒷모습 보여줘도 아무 부담이 없는 달콤 씁쓸 시큼함! 커피와 함께 한 시간의 맛이다. 다른 음료나 술이 감히 범접할 수 없는 커피만의 오묘함이랄까? 테이크아웃에 드라이브스루까지 직장인의 점심시간이 압박받더라도 결국 커피는 자리를 옮겨 여유라는 둥지를 튼다. 일의 분주함을 달래주는 중독된 여유.

브라질에는 없다는 커피 자판기. 한겨울 버스 터미널 자판기의 따끈한 커피는, 지는 해에 버스에 몸을 실을 일용직 노무자에게 여유나 사치 아닌 위안이다. 쓴 소주 대신하는 달콤함의 위안. 커피숍이나 사무실의 시큼씁쓸한 아메리카노 한 잔이 부럽지 않은 달달함이여. 삼복 지경에도 속이 풀리는 갈색 뜨거움이여. 동전 한 닢으로 해결되는 삶의 고단함이여.

시내버스비보다 싼, 프림 섞인 자판기 커피 한 잔! 가벼워지고 차가워진 일회용 종이컵에 잠시 머물다 간 안락함. 추위와 섞어 마신 먼지조차 중독의 일부가 되었나? 나도 모르는 사이 서서히….

3부
열두 달

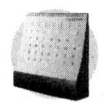

1월

그거 알아?

가장 긴 달이 1월이라는 거!

뭔가 결심이라도 해야 될 거 같은 초순
그 결심이 무덤덤으로 변한 중순
다음 달 기다리는 지루한 하순

작심삼일은 세계 공통어라지?

다들 그렇게 산다면
이게 흉일까?

그렇다고 2월이나
11월처럼 살 수는 없는 달

백두산 등정 꿈꾸는 달!
내가 오른 건 동네 뒷산일지언정

그래도 1월인데….

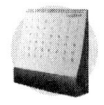

2월

겨울도 아닌 것이
봄도 아닌 것이

시작도 아닌 것이
끝도 아닌 것이….

서성이다 서른 날을 못다 채웠나?
비우다 남긴 모자람인가!

날짜가 적어
고통도 적어 좋던데….

들숨에 봄
날숨에 겨울.

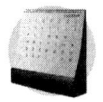

3월

3월은 긴장이다

뺨을 쓰다듬는 햇빛과
한결 부드러운 바람을 타고 오는 긴장

이름 알지 못 하는 그냥 풀이
머리 처드는 긴장

앉을 자리 찾지 못해 떠도는
황사마저도 누런색 긴장이다.

초딩 새내기 고사리손 꼭 쥔 연필에
내려앉은
대학생 새내기들의 노란 티셔츠에

해방감과 함께하는

올해도 수확을 볼 수 있을까?
육십삼 년째 괭이를 잡는
팔십 내 농부의 손끝에 묻어나는

하루를 시작하는 밤 아닌 여명
그 여명이 반가운

기다리던 손님 맞아
뭔가 잘해야 할 것 같은

긴장.

3월!

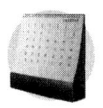

4월

새로 시작한 한 해
저기 저 뒤

저만치 와버린 봄
도처에….

기다리지 않는 무미한 달

오는 것도
머무는 것도
그렇다고 보내는 것도

모두가 마냥 반갑지만은 않은

가구 아래로 굴러 들어가

보이지 않게 된

동전 같은 달

이팝나무 조팝나무꽃 보며

긴장해야 하는 농부가

게으른 핑계 찾는 달

잔인한 달?

그 이유 찾기

정말 어려운 달

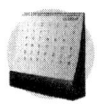

오월

오월에는 아내 이름을 부르자

여보 당신이 아닌
누구 엄마도 아닌
소녀 시절
선생님이 부르던 이름으로

기다림에 설레고
만남이 떨리던 그 시절
발음도 어색하던 그 이름

그 이름을 부르자

화사한 싱그러움을 뽐내던
오월의 신부를 생각하며
빈손에 가득하던
함께하는 시간만으로도 행복하던
그해 오월을 추억하면서

소중한 아내
이름을 불러보자

신록과 녹음 사이
시 같고 수필 같은
밤조차 푸른 오월에

아름다운 시 한 편으로
푸른 오월에 취해 보자

아내 이름을 부르면서

유월은 권태다

한 해의 중간에 서서
어제 그제와 다르지 않을
내일 모레와 같은

신록 대신한 녹음이
사방에 같은 냄새 풍기는

산 삼킨 호수
낚시꾼의 고요한 마음 파먹는

꼬리에 꼬리를 무는
에셔의 판화 같은
권태

베토벤 교향곡 7번을 크게 들어도
가시지 않을
놀람이 없는 놀람 교향곡 같은

귀농 6년 차 농부의
등을 타고 흐르는 땀에 배인

인생의 중반에 차고 넘치는
한 해의 중간에 머무는

지쳐서 오래도록 머무는
권태!

* 주 : 진중권의 『미학 오딧세이』 참조

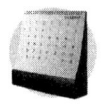

7월

한 해의 중심에서
한여름의 한가운데서
벌써 반?
아직 반!

바다에
닿기 싫어
망설이며 느려지는 섬진강 닮은 달.

빈 약봉지로 한 달 지난 거 아는 사람에게
정말 힘든 달
다음 달도 31일이던데….

절정을 알 수 없는 무더위는
끈적이는 하루를 25시로 늘이며 길어진다.
바빠 봐야
항상 늦는….

7월에는 지는 해를 따라
서해로 달려가자

길어진 혀가 서서히 잠기며
둥둥 뜬 노을마저
느리게 멀어지는
서해로.

서둘지는 말고….

8월

이 8월에
가을이 올 것이다.
아니 여름이 갈 것이다.

여름내 쌓인 열기에
들숨마저 끈적이던 기억을 뒤로한 채

초순과 같지 않은 중순
중순과 다른 하순에
조금씩 길어지는 밤을 이끌고
높아지는 하늘에 쪽빛을 더해가며

아침이 밤에 스며들어

어둠을 녹이고는
열대야와 폭염 사이의 간극을 넓히며

첫눈 기약하며 물들인
엄지손톱 위
봉숭아 붉은 빛을 따라

그렇게 가을이 올 것이다.
아니 여름이 갈 것이다.

이 8월에….

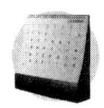

9월은 파란 갈등이다

이슬 머금은 풀잎이 겪는

초록과 갈색이 다투는

가야 하는 늦여름이

와버린 가을을

원망하는

초록빛 권태도

잿빛 우울도

밀어낸

파아란!

길었던 여름의 횡포와
잠깐 쉴 틈 사이의

호수가 머금은
구름 밑에

파아란

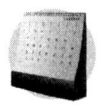

시월

세월은
기다림을 싫어하는가 보다.

지난여름
지루한 잿빛이 매미까지 삼키더니
뜻밖의 폭우가 강둑마저 허물고

사연 많은 이야기를 남긴 채
송편 냄새 우거진 한가위가
가을바람에 밀려간다.

그리운 산허리 숲속에서
세월의 열매가 짙게 묻어나는

또 한 번의 가을을 마시며
온통 10월의 향기에 취하고 싶다.

그리고 당신에게 잊혀 지지 않을
가을 이야기를 들려주고 싶다.

사랑하고 싶다.
사랑하고 싶다.

이달이 병이라면
이 병
불치병이었으면…

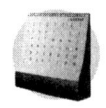

스산한 11월

만추와 겨울 초입의 경계

시리도록 파란 하늘

터엉 빈 논

단풍 떨군 나무의 민낯

올해 벌써 이렇게?

무엇을 하기에

너무 이르거나 늦은

오후 네 시 같은 달

짧아지는 해에

급해지는 마음

조급함에 더 바빠지는 머언 거리

짧은 하루

긴 여운

쌓인 열한 달

저만치 또 한 해

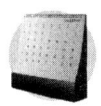

12월

상류에서 비바체로 흐르던 물이
뻘에서 라르고로 바다와 만난다면
진양조로 시작한 1월은
12월에 자진모리로 휘몰아친다.

한 해를 반추하느라
기억 중에 추억을 추리느라
추스르지 못한 것을 정리하느라

이달이 올해가 다 가기 전에….

해마다 되풀이하는 희망의 사금파리
12월!

이달이 이렇게 빨리 올 줄 알았더라면.

어버이날

어려서 어머니를 여읜 '안나'라는 소녀가 있었다. 어머니의 빈자리는 그 무엇으로도 메울 수가 없었고 커가면서 어머니에 대한 그리움은 사무쳐만 갔다. 자신이 어머니가 되고 나서도 마찬가지였다. 안나는 생각했다. 어머니가 있든 없든, 모든 국민이 어머니의 은혜를 기리는 날이 있으면 얼마나 좋을까? 안나는 생각 끝에 대통령에게 편지를 썼다. '어머니의 날'을 제정해 달라고. 편지가 제대로 전달은 되었는지, 대통령은 읽어보았는지 아닌지, 백악관에서는 답이 없었다. 안나는 포기하지 않고 대통령이 바뀔 때마다 편지를 썼다. 19세기부터 쓰기 시작한 편지는 세기가 바뀌어 윌슨 대통령이 당선되고 나서도 계속되었다. 윌슨 대통령은 달랐다. 그는 그 편지를 읽고 눈물을 흘리며 '어머니의 날'을 제정했다.

윌슨 대통령은 어머니에 대한 감정이 남다른 사람이었다. 홀로되신 어머니가 자신을 위하여 얼마나 고생하고 당신을 희생하신 삶을 사셨는지 너무도 잘 알기 때문이다. 윌슨 대통령은 명문 프린스턴대학교를 수석 졸업했다. 졸업생 대표 연설에서 "오늘의 나를 만드신 분은 어머니이시다. 어머니는 홀로 나를 키우시느라 안 해본 일이 없다. 지금 어머니는 이 학교의 청소부로 일하고 계신다. 졸업식장에 함께 오자고 해도 한사코 사양하시는 바람에 같이 참석하지 못하셨다. 알고 보니 어머니는 오늘도 이 학교 어딘가에서 청소를 하신다."고 당당히 밝혀 졸업생과 교직원의 눈시울을 뜨겁게 했다. 이것이 미국에서 '어머니의 날'을 제정하게 된 동기이고 다른 나라들도 '어머니의 날'을 기념하고 있다. 메이저리그에서 선수들이 분홍색 토시와 스타킹을 착용하고 경기를 펼치는 날이다.

어머니의 은혜를 형용할 수 있는 적당한 말이 있을까? 자식을 위해 목숨마저도 버릴 수 있는 분이 어머니이다. 포천에 그런 분이 계셨다. 바로 봉래 양사언 선생의 어머니이시다. 정실부인이었던 파평 윤씨가 죽자 어머니는 양희수의 부인이 된다. 전 부인이 낳은 딸보다 한 살이 더 어린 나이다. 어머니는 삼 형제를 낳아 잘 기른다. 하지만 자신이 낳은 아들 삼 형제는 당시 조선시대의 신분적인 한계 때문에, 과거에 응시조차 못하게 된다. 남편 양희수가 죽자 어머니는 자결하신다. 자식들의 앞날을 터주기 위해서이다. 당신이 죽어서 세상에 존재한 적이 없는 사람이 되면 자식들은 자연히 정실부인의 호적에 오르게 되고, 당신이 낳은 아들 삼 형제는 과거 시험을 치를 자격을 얻게 된다. 이렇게 아들 삼 형제는 모두 과거에 합격하고 관리가 되어 선정을 베풀었다.

이보다 더 거룩한 일이 또 있을까? 초서로 유명한 양사언 선생은 우리가 잘 아는 시조를 남기셨다. "태산이 높다 하되 하늘 아래 뫼이로다. / 오르고 또 오르면 못 오를 리 없건마는 / 사람이 제 아니 오르고 뫼만 높다 하더라." 이 시조에서 태산을 어머니의 은혜로 대치하여 다시 읽어 보자. 갚을 길이 없는 어머니 은혜이건만 아무 노력조차 하지 않은 채 입으로만 은혜 운운하는 건 자식의 도리가 아니다.

우리는 요즘 '어머니의 날'이 아니라 '어버이의 날'을 기념하고 있다. 휴일도 아닌데 어머니 아버지를 묶어서 기념할 이유가 있을까? 아버지의 날은 없으면 또 어떤가. 아버지의 날이 없다고 차별받는다고 생각할 아버지들이 있을까? '가정의 달' 5월을 맞아 어머니의 은혜를 다시 생각하며 나도 자식들의 부모로서 잘 해왔는지 생각해 본다.

스승의 날에

'스승'이라는 말은 참 아름답다. 대부분의 존댓말이 한자로 되어 있는 반면에 스승은 반대로 순우리말이 존칭이기 때문이다. '교사'나 '교수'는 직업상 부르는 명칭이다. '선생님'은 학생이나 학부모들이 쓰는 호칭이나 지칭이지만 왠지 '스승'보다는 격이 떨어지는 듯하다. 스승은 단지 학교에만 국한된 것이 아니라 사회생활을 하는 중에도 만날 수 있다. 우리는 아무에게나 스승이라는 표현을 쓰지는 않는다. 여기에 두 스승의 이야기를 소개한다.

이희승 박사는 식민 시대에 옥고를 치르셨다. 일본어 쓰기가 강요되던 시기에 우리말을 연구했으니 당연한 일이 아니겠는가! 선생님은 수감 중에 제공되는 콩밥을 한 알 한 알 씹어 드신 것으로 유명하다. 일본 놈들이 제공하는 밥을 '잘' 드시는 걸 보고 흉을 보는 수감자도 있었다. 선생님은 말씀하셨다. "나는 우리말 우리글을 연구하는 사람이다. 그리고 지금 나만큼 우리말 연구에 성과를 내고 많이 아는 사람도 드물다. 내가 여기서 건강을 잃어 연구가 끊긴다면 이것은 국가적 손실이 될 것이다."

이희승 박사는 해방 후에 대학에서 교편을 잡았다. 하루는 제자의 집을 방문하게 되었는데, 중학교 다니는 그 제자의 조카가 국문법에 대하여 질문을 했다. 잠시 생각하시던 박사님은 말씀하셨다. "이거는 내가 잘 모르겠는데 학교 가서 선생님에게 물어봐라." 조카가 나가자 제자가 말했다. "박사님 왜 그렇게 말씀하셨어요?" 선생님다운 답변이 나왔다. "그 학생은 학교에서 내게 질문했던 것을 배울 텐데, 내가 설명한 것이 만일 학교 선생님의 설명과 다르다면 그 애는 누구 말을 믿겠는가? 중학생이 학교 선생님을 불신하는 것은, 그 애의 장래를 위해 결코 좋은 일이 아니다." 제자는 박사님의 넓은 도량에 그저 감격할 뿐이었다.

한 중학생이 미국으로 유학을 떠났다. 당연히 영어 실력이 문제가 되어 전 과목 수업을 따라가는 데 어려움을 겪었고, 학교에 가는 것조차 싫었다. 음악 시간도 예외가 아니었다. 하루는 베토벤의 피아노 협주곡 5번 '황제'를 듣고 감상문을 써오라는 숙제가 주어졌다. 학생은 그 음악을 평소에 들어서 잘 알고 있던 터라 리포트에 이렇게 썼다. I love it. 그게 다였다. 미국인 선생님은 그 학생을 따로 불러 상담을 했다. "네가 베토벤 피아노 협주곡 5번 '황제'에 대하여 아는 것을 한국말로 다 적어 보자." 학생은 시키는 대로 우리말로 자신이 아는 것을 다 적었다. 적지 않은 분량이었다. 미국인 선생님은 한영사전을 가져오라고 하더니 둘이 같이 영작을 해 나갔다. 그렇게 학생이 과제물을 제출했을 때 선생님은 우수한 성적을 주고 그 학생은 그 미국인 선생님에 의지하여 미국 유학을 무난히 마칠 수 있었다.

이 두 이야기는 어린 영혼에 대한 지극한 사랑이 묻어나는 아름다운 이야기이다. 요즘 교권이 무너지고 교육이 문제라는 이야기가 많이 들린다. 미국에서는 교수들의 높은 이직률이 사회 문제가 되고 있다고 한다. 교수들이 학문에 대한 열정도 지적 호기심도 없는 학생들을 가르치는 데 환멸을 느낀다고 한다. 생계 때문에 보람 없는 일을 하려니 당연한 결과라고 생각한다. '청출어람(靑出於藍)'이라는 말이 있다. 스승을 능가하는 제자를 일컬을 때 쓰는 말이다. 스승의 입장에서 가장 보람을 느끼는 일이 아니겠는가! 아인슈타인도 자신의 연구 업적에 대한 공을 스위스에서 자유로운 면학 분위기와 열정적인 교수님들에게 돌렸다. 오늘날 유대인이 거의 모든 분야에서 두각을 나타내는 것도 그들의 우수한 교육 시스템 덕분이다. 그리고 그 교육의 중심에는 '지적 호기심'과 '랍비'라는 훌륭한 스승이 있다.

법과 도덕 사이

　현대 사회에서 법이 없는 국가와 사회는 상상할 수조차 없다. 이렇게 복잡한 사회에서 상호 간에 이익이 상충하여 갈등을 빚는 것은 불가피하며, 법이 그 갈등 조정의 기준점이 되어 사회를 다스리고, 모두는 아니더라도 대다수 국민에게 그 체계 내에서 안전과 경제활동을 통한 부의 축적을 보장하는 것은 법의 순기능이라 할 수 있다.

　하지만 도덕성이 결여된 법은 인간성의 부재라는 한계를 드러낼 수 있다. 어떤 행위에 동기는 무시한 채 결과만을 문제 삼는 법은 자칫 인간을 위한 법이 아니라 인간 위에 존재하는 법 조항으로 남아 "법 앞에 평등하다."는 모든 인간을 수단으로 전락시킬 수 있는 위험성도 내포하고 있다.

프랑스 대혁명 이전의 프랑스 사회에서 장발장은 빵 한 조각을 훔친 죄로 19년을 감옥에서 생활한다. 출옥 후 장발장은 사제관에서 은촛대를 훔치고 다시 체포되지만, 신부는 그 촛대를 도난당한 게 아니라 자신이 준 거라고 진술하여 장발장을 구해준다. 너무도 잘 알려진 빅토르 위고의 소설 『레 미제라블』의 도입부이다. 당시 빵 한 조각의 가격이 얼마인지는 모르겠지만, 한 개인의 자유를 19년간 박탈할 만큼 가치가 있었던 것일까? 그런 법으로 다스려지는 사회는 과연 옳고 정의로운가? 사제도 똑같은 법률의 잣대를 들이대고 경찰에서 진술했다면 장발장은 이번에는 몇 년을 감옥에서 살았을까?

비슷한 이야기의 미국 버전이 있다. 경제공황의 한파로 미국 전체가 어려웠던 시절, 어린 헨리 영은 동생과 함께 먹을 빵을 훔친 죄로 악명 높은 알 카트리지 감옥에 수감된다. 온갖 인권유린이 자행되고 보통 평범한 사람들은 그 사실에 관심조차 없었던 그 시절 그 감옥! 감옥 안에서 살인을 저지른 헨리 영에게 처음으로 한 인권 변호사의 도움의 손길이 다가온다. 살기 위해 빵 하나를 훔치고 자신의 행위에 대한 형벌을 당연시하던 헨리 영이 그 젊은 변호사에게 묻는다. "자네는 어렸을 때 장난감 같은 거 몰래 가져가다 들킨 적 없어?" "물론 있지." "그때 어른들이 자네를 어떻게 했지?" "다시는 그러지 말라고 하던데, 그래서 난 그 후 한 번도 남의 물건에 손댄 적 없어." "근데 내가 배고파서 빵을 훔쳤을 때 왜 어른들은 나에게 그러면 안 된다고 말하지 않고 나를 감옥에 보냈을까?"

배고픈 두 남매를 도와주지 않은 어른들도, 경찰에 신고해 헨리 영을 감옥에 보낸 어른도 법률적으로 비난 받을 일을 한 게 없다. 하지만 법률적인 문제가 없다고 해서, 법이 그렇다고 해서 없는 사람들에게 가해지는 폭력에 눈감는 것이 과연 옳은 일인가? 누군가에게 직접적인 폭력과 위해를 가하는 일뿐 아니라 아이에게 줄 젖이 나오지 않아 한숨짓는 젊은 엄마를 방치하는 것도 폭력이다.

똑같이 어려운 시기에 빵 한 조각을 훔친 노인에 관한 이야기가 있다. 당시 판사는 노인에게 10달러의 벌금형을 선고한다. 20세기 초반이니 지금의 화폐 가치로는 몇백 달러는 될 것이고 가난한 노인이 감당하기에 적은 액수도 아닐 것이다. 판사는 판결 후 그 벌금 10달러를 대신해서 지불하며 말한다. "나는 우리 사회에 아직도 빵 한 조각이 없어 굶주리는 노인이 있으리라고는 생각도 못 했습니다. 이것은 저 가난한 노인의 잘못이 아니라, 이 사회의 어두운 구석에 관심을 갖지 못한 저의 잘못이라고 생각합니다." 그 후 그는 방청객을 향해 말한다. "여러분도 마찬가지일 것입니다. 이 노인을 감옥에 보낸다면 그것은 사형선고나 마찬가지일 것입니다. 여러분 모두에게 50센트씩의 벌금을 선고합니다. 죄목은 사회의 약자에게 관심을 갖지 않은 죄입니다. 우리는 함께 잘 살아야 하고 약자에게 가혹한 법의 잣대를 들이대는 일은 더 이상 없어야 할 것입니다."

법의 존재 이유와 존재 가치는 무엇인가? 모두가 지켜야 한다고 믿고 따르는 법을 잘 안다는 것은 또 무엇이며 양심의 문제가 아니라 법정에서 증명의 문제로 유무죄가 판단되는 사회는 과연 공정하고 정의로운 사회인가? 내가 행한 범법 행위로 평생 치유되지 못할 고통을 받고 살아가는 사람들도 있는데 나는 형기를 마침으로써 대가를 모두 치렀다고 믿는 것은 옳은 일인가? "말에 타고 천하를 얻을 수는 있어도 천하를 다스릴 수는 없다."고 했다. 법가 사상을 바탕으로 중국 천하를 통일한 진나라는 진시황 사후에 망했지만, 유방의 한나라는 400여 년 간 존속된다. 공자님의 위대성은 '도덕을 정치화'시키는 것이 아니라 '정치를 도덕화'시키신 데서 찾아야 할 것이다. 이 시대를 살아가는 우리의 양심의 무게는 얼마나 될까?

인간적인 것

'인간적인 것 너무도 인간적인 것'으로 번역된 니체의 책은 제목만 인간적이다. "나는 인간이다. 인간이 공부하는 것은, 기계가 제품을 생산하는 것과는 다르다."라고 책상 앞머리에 크게 써놓고서는 매일매일을 주신(酒神)을 경배하느라 바쁜 누구의 행동도 어떻게 보면 인간적일 수 있다.

이외수의 소설, '어디서 다시 만나리'에 나오는 주인공 손이 매우 아름다운 남자. 그는 바다를 주시하고 있었다. 꼭 돌아오겠다는 여자의 말 한마디를 믿고서…, 그 남자는 그 여자의 말을 믿고 매일 아침 대합실에 나타나 시간을 보내는 동안에는 인간적이고, 약속 시각 정각에 나와서 당사자가 없으면 돌아간다는 그 친구, 그는 정각에 나와 장소를 한 번 훑어보는 순간에 인간적이다. 또 누구처럼 기다리다가, 약속 시각이 훨씬 넘어서까지 기다리다가 돌아서는 마당에 더 이상 기다리지 못하는 자신을 원망하는 그 누구도 돌아서는 순간에는 인간적이다.

예수를 배신한 이유다. 인간성에 포함된 여러 요소들 중에서 가장 비인간적인 행위인 배신. 유다는 그 죄책감 때문에 자살했다. 보수로 받았던 은화 몇 닢을 내동댕이치고는. 그런 유다가 십자가에 못 박혀 고통스럽게 죽어가면서 "아버지 하나님이시여 저들의 죄를 사하여 주옵소서"라고 말씀하신 예수님보다 어떤 면에서는 더 인간적일 수 있다. 잘 알려진 니체와 릴케 그리고 살로메의 삼각관계. 친하게 지내던 살로메가 릴케와 함께 러시아로 떠나버리자 "여자는 믿을 수 없는 장난감이군" 하며 한탄한 니체. 그는 전혀 인간적이지 못하다. 살로메 역시 인간적이기보다는 오히려 여성적이지 않을까? 주식이니 코인이니 하며 천문학적 액수로 뉴스를 도배하는 경제사범들의 검은 큰 손보다는 "아빠 오백 원!"하며 내미는 다섯 살 꼬마의 고사리 같은 흰 손이 훨씬 더 인간적이다. 돈에 관한 한 지폐는 물질적이고 보조기능을 하는 동전이 인간적일는지 모른다.

속을 썩이는 자식. 그 애는 너무도 철이 없었다. 하루는 그 애의 아버지가 종아리를 때린다. 처음으로 피가 터지는 종아리, 아버지는 아들을 냇가로 데리고 나가서 온몸을 깨끗이 씻어 주시고 아들이 잠들 때까지 기다렸다가 종아리에 약을 발라주시며 눈물을 흘린다. 그것은 너무도 인간적인 부정(父情)이다. "내일은 아버님의 환갑날입니다."라는 제자의 말을 듣고 마음이 복잡해지는 공자님.(아버지의 환갑날이라고 하니 제자가 분명히 떡을 가지고 오겠지, 문을 두드리고 "선생님 떡 가지고 왔습니다."라고 말할 때 "뭐 이런 걸 가지고 왔느냐 그냥 가져가서 너나 많이 먹어라."라고 체면치레로 말하면 우둔한 제자는 떡을 도로 가져갈 수도 있으리라. 그러면 나는 떡도 못 먹고 나만 손해지. 이럴 때는 내가 자리를 비우면 제자가 가져왔던 떡을 그냥 놔두고 갈 수밖에 없겠지.) 이렇게 생각하고는 군침부터 흘리시는 공자님은 대단히 인간적이다.

일리아드의 영웅 아킬레스. 이번 전쟁에는 참전하지 말라는 어머니의 말씀에 "남자가 치욕의 불명예를 지고 대지의 짐이 되어 살아가느니 죽는 편이 더 낫다."라고 말하며 참전한 그는 인간적이라기보다는 다분히 남성적이다. 또 호머의 '일리아드'를 읽고 나서 그대로 믿고는 거액의 돈을 투자하여 마침내 트로이 유적을 발굴해낸 실리이만도 유적이 발굴되기 전까지는 인간적이다. 어쩌면 헬레나를 유혹해서 트로이 전쟁을 유발한 파리스 왕자가 인간적인 것은 아닐까? 서점가에서 제법 인기 있는 책 『카네기 인생론』, 『카네기 처세술』 등의 저서들은 그의 생활과 가난했던 시절에 비하면 너무도 비인간적이다. 플라톤의 저서 『에우테프론』에 나오는 소크라테스와 에우테프론의 대화. 말할 것도 없이 '경건한 행동'이라는 확신을 가지고 자신의 아버지를 고발하는 에우테프론보다는 '경건'이라는 말의 의미조차도 모른다며 에우테프론을 얄밉도록 곤궁으로 몰아넣는 소크라테스가 약간은 더 인간적일 수 있다.

『이노크 아아든』이라는 장편 서사시에 나오는 주인공 이노크 아아든. 그는 14년 동안을 무인도에서 고독하게 살았다. 그리고 돌아와 보니 꿈에도 그리던 가족들은 다른 남자의 보호를 받고 있다. 하지만 그는 가족들이 행복하다는 사실을 확인하고는 묵묵히 신분을 속인 채 하루살이 인생으로 5년을 더 살다가 죽어간다. 죽기 3일 전 자신의 죽음을 예감한 그는 여관 주인을 불러놓고 자신의 신분과 그동안의 모든 것을 말하면서 고이 간직했던 막내의 머리카락을 아내에게 전해달라는 말을 끝으로 죽어간다. 그는 죽기 전에 모든 것을 말하고 눈 감았기 때문에 눈물겹도록 인간적이다.

사형대에 선 사형수의 모든 것을 체념한 듯한 눈동자. 법의 이름으로 죽음의 밧줄을 걸어 매는 사형제는 너무도 비인간적이다. 노인들의 탐욕이 일으킨 가장 비인간적인 행위 전쟁. 거기서 살기 위해 같은 젊은이에게 총질해대는 행위는 인간적인가 비인간적인가? 수치로 게시되는 인간의 등급과 수지로 환산되는 인간의 가치는 또 어떤가?

인간은 성장해가면서 점점 인간성을 상실해 가는가 보다. 이제는 적자생존이 아니라 강자생존이라며 치열한 생존경쟁에 무슨 수라도 동원하는 사람들. 그런 비인간적인 비정상이 일상이 된 현대라는 사회. 인간은 인간이라고 명명된 한 가지 이유만으로도 인간적이어야 한다.

캐스트러의 신 포도

　이솝 우화에 나오는 신 포도 이야기가 있다. 높은 가지에 매달린 맛있어 보이는 포도를 따 먹으려던 여우는 뜻을 이루지 못하자 자신의 시도를 포기하면서 "저 포도 실 거야."하고 돌아섰다는 이야기. 이솝은 우화를 통해 여우를 비꼬고 있다. 따먹으려고 애쓸 때는 언제고, 따먹지 못하게 되자 돌아서며 악담을 하다니. 그 포도가 신 포도라면 여우는 왜 그 포도를 따 먹으려 그렇게 애를 썼던 것일까? 하지만 여우 입장에서는 이루지 못한 목표에 미련을 갖느니 깔끔하게 포기하는 편이 현명하지 않은가. 포도 맛에 상관없이. 그 포도 말고도 먹을 것은 널려 있다.

　캐스트러의 우화에서는 이 이야기를 비틀고 있다. 그 여우가 갖은 고생 끝에 드디어 그 포도를 따 먹게 되는 것으로 그려진다. 그런데 그 포도는 정말 시었다는 것이다. 여우는 자기가 그렇게까지 힘들게 따먹은 포도이기에 그것이 맛없는 신 포도였다는 것을 입 밖에 내려고 하지 않는다. 더구나 다른 여우들이 모두 자기를 부러워하고 있지 않은가! 그래서 그 여우는 자기 자신까지 속인다. "이것은 결코 신 포도가 아니란 말이야. 이 세상에서 가장 맛있는 포도지. 너희들도 나처럼 할 수 있다면 높이 점프해서 이 포도를 따 먹어봐. 할 수 있다면 말이야." 여우는 신 포도를 계속 따먹다가 마침내 위궤양에 걸려 죽게 된다는 것이다.

이솝은 우화를 통해, 포도를 따 먹으려다 먹을 수 없게 되자 돌아서는 마당에 자신을 합리화하는 여우를 비꼬고 있다. 여우가 조소의 대상이 되는 것은 옳은 일인가? '노력해서 안 되는 일이 없다.'며 '하면 된다.'고 하지만 모든 노력이 다 보상을 받는 것은 아니란 걸 우리는 너무도 잘 안다. 개인의 역량이 부족해서 생기는 일일 수도 있고, 개인의 능력이나 의지 자격과 관계없이 갑작스런 사회의 시스템 변화에서 생기는 일일 수도 있다. 그렇다면 애쓰던 일을 포기해야만 하는 사람은 어떤 태도를 취해야 할까? 깔끔하게 승복할 수도 있고, 자신을 합리화하는 차원에서 추구하던 목표에 독설을 퍼 부우며 미련을 떨칠 수도 있다. 두 경우 모두 달라지는 것은 아무것도 없다. 피해를 입은 사람은 아무도 없으니까.

하지만 캐스트러의 우화에서는 이야기가 달라진다. 우선 여우 자신이 죽었다. 자기 자신까지 속인 그릇된 행동의 당연한 결말이다. 더 심각한 문제는 그 여우가 자신을 선망하던 다른 여우들에게 한때나마 그릇된 환상까지 심어주었다는 점이다. 보는 이 아무도 없는 곳에서 신 포도 맛을 보았다면 뱉어버리고 말았을 것을, 남의 시선이 무엇이길래 그 여우는 그런 행위를 계속하다가 목숨마저 잃었을까?

'사회적 동물'이라고 명명된 인간은 결코 혼자서 살 수도 없고 남의 시선을 의식하지 않고 살 수도 없다. 하지만 남이 보는 눈이 가치판단의 기준이 되어서는 안 될 일이다. 20세기 3대 석학 중 한 사람인 철학자 러셀은 할아버지로부터 성경책을 물려받았는데 거기엔 이런 글귀가 쓰여있었다고 한다. '만인이 행하는 악이라고 너도 행하지 마라.' 그는 70이 넘은 나이에 반핵 시위에 참가하여 실형을 살기도 했다. 반면에 프랑스 실존주의 철학자 사르트르는 공산주의의 오류를 알고서도 죽을 때까지 공산주의를 옹호했다. 물론 신념에 관한 일이지만 스스로 너무 멀리 왔다고 느꼈을 수도 있다. 사르트르 생전에 공산주의가 몰락했다면 그는 어떤 반응을 보였을지 궁금하다.

부단히 남의 시선을 의식한 채 자신의 인생을 살지 못하는 삶이야말로 가장 경계해야 할 삶의 형태이다. 포기할 때는 포기할 줄 아는 용기가 필요하고, 힘들 때는 힘들다고 남의 도움을 요청할 줄도 알며, 함께 살아가는 것이 삶이다. 실패도 무엇보다 소중한 우리 인생의 일부라는 사실을 인정할 때 비로서 우리 인생은 더 풍요로워질 수 있고 당당해질 수 있다.

헤밍웨이가 『노인과 바다』를 통해 주는 메시지처럼 '인생은 실패했다고 패배하는 것이 아니'기 때문이다.

수돗가에서

수돗가에 대야에다 물을 떠 놓는다. 뒷집 폐가에 자리 잡은 고양이들이 가끔씩 들러 목을 축이고, 말벌이 주기적으로 물을 물고가기 때문이다. 말벌은 아마 우리 집 어딘가에 집을 짓고 있으리라. 꿀벌처럼 한 번 침을 쏘고 죽는 게 아니라 사람을 몇 번이나 물 수 있는 포악한 놈들. 그런데 이상하게 수돗가에서 마주칠 때면 나를 공격하지 않는다. 뭔가를 아는 걸까? 내가 물려서 물을 떠 놓지 않는다면 물을 구하는 것이 번거로울 거라는 걸? 나도 수돗가가 번거롭기는 마찬가지다. 월동 준비하느라 싸매고 봄부터 다시 써야 하니 풀어야 하는 일을 해마다 반복해야 하니까.

수돗가가 번거롭게 자리 잡은 마당. 이제는 마당이라 부르기도 낯간지러운 공간! 넓어지는 집에 자리 내주느라 좁아지기 강요당하는 터. 그렇다고 단지 방치된 공터도 아니고. 우리가 편리함만을 추구하느라 잃어버린 대표적인 공간이 마당이 아닐까? 울타리 안, 처마의 낙숫물이 떨어져 보조개 자국을 만들던 곳까지의 흙먼지 일던 땅이 마당이다. 잔디로 가려서도 안 되고 보도블록으로 포장해서도 안 되며 넓다고 차가 들어와서도 안 된다. 마당으로서의 기능을 상실하기 때문이다. 누구에게 보여주기 위한 공간이 아닌 내가 우리가 뭔가를 하기 위한 공간.

아파트 화단이나 주차장에, 뭔가를 보여주기 위한 정원에는, 다녀가지 않는 사계절이 마당에는 편안히 머문다. 입춘 지나 아직 쌀쌀한 날에도 봄방학 기다리며 하는 둥 마는 둥 수업 마치고 들어올 때면 꽤나 질척이던 마당의 봄. 가벼워지는 옷차림과 반대로 울타리 한쪽 구석에서 돋아나는 잡초와 개미의 무리. 봄밤조차도 화사하게 물들이는 살구꽃과 그 꽃비. 마당 있는 집에 찾아드는 봄은 가히 몽환적이다.

폭우가 쏟아지는 여름의 마당은 또 어떤가! 겨우 창호지 하나에도 가려지는 천둥과 폭우. 마루에서 보는 비의 장막은 왠지 바라만 보아도 마음이 편해진다. 7층 아파트 창문 너머 소리마저 잃은 장대비에 비할까. 와이퍼에 씻기는 영혼 잃은 짧은 만남에 비할까. 여름밤이면 마당 평상에 모여 앉을 일이다. 마당 한 구석에 모깃불을 피워놓고 은하수 감상하며 운이 좋다면 가끔 떨어지는 별똥별도 보면서. 여름밤의 마당에서는 가는 여름이 부리는 미세한 앙탈도 느낄 수 있다.

가을의 마당은 단풍잎 빛깔만큼이나 다채로운 공간으로 변한다. 빨간 물고추가 노란 고추씨 뱉어내는 태양초로 변하느라 볕이 가장 잘 드는 한가운데 마당을 차지하고, 추석 지나면서 산에서 주워온 도토리가 그 자리를 대신하며 가을은 깊어간다. 나만의 우리만의 공간에서 바라보는 하늘은 왜 이리도 시리도록 파란가! 풀잎 위에 영롱한 이슬, 깊어가는 가을의 한기에 백기 투항하는 잡초들. 은은한 달빛 아래 마당의 대 그림자. 넓은 마당에도 차가 들어와선 안 되는 이유이다.

마당을 비추는 해가 그림자를 길게 늘어뜨리며 겨울이 온다. 골목까지 쌓인 눈은 치워도 치워도 끝이 없다. 온갖 길을 덮어버린 순백으로 이어진 시리도록 눈부신 마당. 추위에 미끄러움에 원망받는 마당. 대문 열고 방문까지가 이렇게 멀었었나? 생명의 기운이 달아난 그저 황톳빛 마당! 그래도 우리는 그 황량한 공간을 함부로 대하지 않았다. 우물가에서 뜨거운 물을 쓰고도 그 물을 식혀서 마당에 뿌렸다. 흙 속에 애벌레나 씨앗이 해를 입을까 봐 염려하는 마음에서. 없이 살아도 더불어 사는 지혜를 배우면서.

나만의 우리만의 공간이 아닌 마당, 우물이 펌프로 다시 수도로 변한 지금 마당 있는 집은 거의 없다. 대부분 포장되어 있고 그 공간을 마당이라고 부르지도 않는다. 마당이 좁아질수록 대인 관계도 좁아지고 또 그만큼 자연환경과 관계 맺음도 소원해졌다. 우리는 더 이상 마당을 그리워하지도 않고 그저 동네 아저씨의 한 사람인 보통명사로 살고 있다.

흙먼지 일고 질척대며 잡초가 자라고 치워야 할 눈으로 가득한 사계절이 편안히 머물던 숨 쉬는 마당! 마당 있는 집에서 인간적으로 살고 싶다.

자존심에 대하여

우리는 자기 자신을 얼마나 사랑하는가? 아니 사랑하기는 하는 걸까? 단지 그 대상이 자기 자신이라서 하는 사랑이라면 그것은 사랑이 아닌 이기심 또는 집착일 수 있다. 우선 자신에 대한 긍지가 있어야 자신을 긍정적으로 돌아보고 자존심을 가질 수 있으며 자신에 대한 올바른 사랑으로 이어지지 않을까? 자신이 무엇이기 때문이 아니라, 남들의 눈에 비치는 객체로서의 내가 아니라, 인생을 이렇게 살았다는 자신감이 묻어나는 진정한 자아라야 비로서 자신을 사랑하고 그 사랑이 자존심으로 이어질 것이다.

제대를 삼 개월 앞둔 한 병사가 여자 친구로부터 이별 편지를 받았다. 입대 전부터 사귀어 온 여자 친구였는데, 그 편지에는 "우리 이제 헤어져. 나는 너에게 내 흔적이 남아있는 게 불편해. 그러니까 그동안 내가 보내준 내 사진을 모두 돌려주었으면 좋겠어."라고 쓰여 있었다. 그 병사는 부대원들을 모아 놓고 말했다. "가지고 있는 모든 여자 친구 사진을 일주일만 빌려주라." 그리고 나서 그 여자 친구에게 편지를 썼다. "나는 네 얼굴이 생각이 나질 않아! 그동안 내가 사귀었던 모든 여자들의 사진을 보내니 네 것을 제외하고 다시 내게 보내줘."

젊어서 한때 그럴 수 있는 값싼 자존심이다. 서로 헤어지는 마당에 속된 말로 '찼느냐, 채였느냐?'가 뭐 그리 중요한가? 내일이나 일 년 후는 없는 것처럼. 당장 자신의 기분만을 생각하는, 십 년, 이십 년 후에 그저 쓴웃음 한 번 나올 법한 값싼 처신은 진정한 자존심과는 거리가 멀다.

체중이 120kg이 넘는 여자가 있었다. 남자 친구와 과도한 음주로 취해 자다가 남자가 그녀 밑에서 질식사했다. 여자는 질식사한 남자의 시신에 총을 발사하고 총기에 의한 사망사고로 위장했다. 경찰의 수사 끝에 사건의 전말이 드러났다. 여자는 말했다. "내가 체중이 이만큼 나가지 않았다면 남자는 죽지 않았을 겁니다. 나의 뚱뚱한 몸 탓에 남자가 죽었는데 나는 창피해서 이 사실을 받아들일 수가 없고 교도소에 가도 놀림감이 되는 것은 참을 수 없어서 그런 범죄를 저질렀습니다." 미국에서 있었던 일이다.

이 세상에 사랑받지 않아도 되는 하찮은 영혼이 있을까? 유전적 요인이든 후천적으로 환경적인 요인이든 보통 사람과 다른 외모를 가졌다고 자신이 나서서 자신을 스스로 끌어 내린다면 누가 나를 존중해 줄 것인가? 평소에 자기 자신을 사랑하기는 한 것인가? 누구든 실수할 수 있다. 그리고 그럴 수 있는 것도 우리가 안고 살아가야 할 소중한 우리 인생의 일부이다.

'책 읽어 주는 남자'에 나타난 자존심은 절망적으로 다가온다. 어떤 대가를 치르더라도 드러내 보이고 싶지 않았던 치부가 공개되었을 때 느끼는 감정이 절망이라면 그 한 가운데에 자존심이 있다.

 2차 대전 이후 서른여섯의 한나는 열다섯의 고교생 미하엘을 만나 사랑에 빠진다. 농익은 여체의 한나는 미하엘에게 여자를 가르쳐 주고 미하엘에게 책을 읽어 달라고 청한다. 한나는 문맹이다. 『전쟁과 평화』를 귀로 듣고 감동할 수밖에 없는 문맹! 눈으로 접하는 모든 정보에 다가갈 수 없는 치명적 극소수! 이 사실을 모르는 미하엘, 한참 육체적으로 끓어오르는 나이에 사랑 행위 후의 책 읽어주기라니….

 그러던 어느 날 한나가 갑자기 사라지고 둘은 9년 후 홀로코스트와 관련된 재판장에서 피고와 방청객 신분으로 만난다. 자신이 문맹이라는 사실을 끝내 밝히고 싶지 않았던 한나는 유대인 수용소 학살과 관련된 보고서를 자신이 썼다는 누명을 쓰고도 문맹이라는 사실을 숨긴 채 자신의 과도한 형량을 언도 받는다.

감옥에 수감 된 한나에게 미하엘은 10년 동안 카세트테이프를 보낸다. 직접 책을 읽고 녹음한. 그녀의 비밀을 모른 체 하면서. 그러던 중 미하엘은 어린아이나 썼을 법한 글씨의 편지를 받는다. 드디어 한나가 글을 깨우친 것이다. 하지만 미하엘은 답장이 아니라 카세트테이프를 계속 보낸다. 한나는 법정에서도 느끼지 않았던 깊은 자존심의 상처를 받는다. 그리고 그 상처는 절망으로 한나의 죽음으로 이어진다.

평생을 짓누르던 콤플렉스였던 문맹! 몰래 벗어날 수만 있다면 무슨 짓이든 할 수 있을 것 같았던 굴레! 절치부심하여 벗어난 후의 환희! 그 환희를 같이 누리고 싶었는데 답장 대신 계속 배달되는 카세트테이프! 그토록 감추고 싶었던 나의 치부를 미하엘은 알고 있었음인가? 이야기는 출소를 앞둔 한나의 자살로 끝난다. 교도소 담당자는 말한다. 한나는 미하엘의 편지를 기다렸다고. 우편물이 올 때마다 카세트테이프가 아닌 편지는 없느냐고. 한나에게 미하엘의 편지 한 통은 자신이 문맹이었던 어두운 수치심을 영원히 덮어 주었을 선물이었을 것이다.

　가벼운 자존심은 오만으로 이어질 수 있으며, 왜곡된 자존심은 세상을 비뚤어진 시각으로 볼 수 있고, 상처 입은 자존심은 절망의 나락으로 떨어져 자신을 망칠 수도 있다.

그 마당

울타리 안

세발자전거 타고 돌던

그 넓던 마당.

장독대 옆 높았던 앵두나무

같은 코스 종일 돌아도

지루하지 않던 그 긴 봄날의 하루

그렇게 궁금했던 대문 밖

그 좁고 긴 골목

내일을 기약하며

세발자전거로 맴돌던 울타리 안 마당

이제는 미수의 아버지가
지팡이에 의지한 채 걷는다.
여든여덟 인생이 겪은
넓은 세상의 추억에
추스르지 못하면 어쩌나 하는 불안에
염려까지 더한 채!

길어지는 운동 시간
이렇게 좁은 마당에서
점점 줄어드는 거동 거리….

다섯 살 꼬마가 세발자전거로 노닐던
이제는 구십 바라보는 노인이
지팡이 짚은 세 발로 거니는

같은 울타리 안!
육십 년 세월이 머물다 간
그 마당!

시대의 소음

자유 의지를 가지고 창작해낸 결과물로 평가받는 것이 예술의 본질이라고 한다면, 자신의 의지와 상관없이 체제나 권력자들에 의해 강요되는 음악을 작곡하는 기분은 어떤 것일까? 가족을 부양하는 수준을 넘어서 자신의 목숨도 담보할 수 없는 상황 아래에서 이루어지는 창작이라면! 청중들의 반응과 관계없이 그것은 작곡가에게는 그저 소음일 뿐이다.

그런 소음 사이사이에 작곡가로서의 양심을 담은 곡을 가끔 발표한다. 누가 뭐라 해도 나는 자유로운 영혼을 가진 예술가이고 작곡가이니까! 내 창작물은 시대를 넘어서 평가받아야 하고, 내 삶과 그 흔적이 담긴 결과물은 이 시대와 권력자들의 전유물일 수는 없으니까! 내가 아무리 체제에 순응하는 척하고, 그로 인해 내게 보장되는 안락한 삶이 있다고 해도 내가 작곡가로서 지켜야 할 마지막 자존심 앞에서 그런 음악은 그저 소음일 뿐이다.

자신이 작곡한 곡을 그저 '시대의 소음'일 뿐이라는 콤플렉스 속에서 부조리한 삶을 살다 간 쇼스타코비치의 이야기이다. "겁쟁이가 되기보다는 영웅이 되기가 훨씬 쉬웠다."라는 한마디로 요약할 수 있는 그의 일대기를 세련된 필치로 풀어낸 줄리언 반스의 소설! 평생 자기혐오에 시달렸던 사회주의 예술가의 이야기. 자신이 겁쟁이라는 열등감에 평생 시달리고 남은 용기는 모두 자신의 음악에, 비겁함은 자신의 삶에 쏟아 부은 음악가. 그런 그에게 제정에서 공산주의로, 2차대전의 격랑에서 그보다 더 가혹했던 스탈린 시대의 폭정으로, 후르쇼프의 등장으로 해빙기를 맞는가 했더니 이어진 민주화 요구에 대한 무자비한 탄압으로 이어진 시대의 흐름은 유약한 성격의 예술가가 감당하기에는 너무 혹독한 것이었다. '모든 인민이 평등하다.'는 구호 아래 역사상 처음으로 탄생한 정치제도. 그 아래에서 적응하기 힘든 예술가가 겪어야 하는 모순투성이의 삶!

겁쟁이가 되기도 쉽지 않았다. 겁쟁이가 되기보다는 영웅이 되기가 훨씬 쉬웠다. 영웅이 되려면 잠시 용감해지기만 하면 되었다. 독재자를 없애고 자신도 없어지는 그 잠시만. 하지만 겁쟁이가 된다는 것은 평생토록 이어지게 될 길에 발을 들이는 일이다. 단 한순간도 쉴 수 없이 스스로에게 변명하고 머뭇거리고 움츠러들면서 모욕을 견뎌내면서. 이데올로기가 강요한 경쾌미와 자신의 내면이 빚어낸 애수 사이에서 모욕으로 점철된 삶을 부단히 참으며 보내야 했던 작곡가의 아이러니한 삶! 마음에 들지도 않는 체제, 그런 체제의 안정에 봉사해야 하는 음악. 자기 마음에 들지도 않는 음악을 생산해 내는 순수 예술가로서의 고뇌! 교향곡으로 베토벤을, 오페라로 바그너를 능가하고 싶었을 것이다. 모든 작곡가의 로망.

그는 젊은 시절 가장 격렬했던 모습으로 치욕을 견디며 비겁하게 늙어 갔다. 늙음의 끝이 죽음이고 죽음으로 모든 문제가 해결된다면 그 죽음을 선택하지 못할 이유도 없다. 하지만 죽음이 운명을 바꿀 수는 없다. 영웅이 아니라 겁쟁이지만 그래서 더 위대할는지 모른다.

강요되는 행위를 억지로 함으로써 느끼는 역겨움! 내게 그런 것을 강요하는 사람은 무엇인가? 나는 개성을 가진 실존이 아니라 대체가능한 수단이란 말인가? 드미트리 드미트리예비치 쇼스타코비치는 소비에트 사회주의 공화국 연방의 공산당에 입당했다. 그리고 공산당원으로서 서방을 드나들며 공산체제를 선전하고, 망명한 소련 출신 예술가들을 비난하고 다녔다. 후루쇼프의 앞잡이처럼. '재능을 가진 자는 누구보다도 영혼이 순수해야 한다.'는 평소의 소신과 양심은 접은 채로!

그는 그 소설가를 존경하고 몇 번이나 되풀이해서 읽었으면서도 솔제니친을 비난하고 비판하는 공식 서한에 서명을 했다. 몇 년 뒤 사하로프를 비난하는 더러운 서한에도 서명을 했다. 공산주의 사회에 살지 않으면서 공산주의자가 되기는 얼마나 쉬운 일인가! 또 공산주의를 비판하는 것은! 평등과 획일을 강요하는 사회! '예술은 인민의 것이다.'라고 강조하며 세뇌하는 사회!

예술은 모두의 것이며 누구의 것도 아님을, 예술은 모든 시대의 것이고 어느 시대의 것도 아님을, 예술은 그것을 창조하고 향유하는 자들의 것임이 부정되는 사회에서 창조적 재능을 가진 예술가가 살아야 했던 처절한 삶. 그곳에 쇼스타코비치 인생의 가치가 있는 것은 아닐까!

예술은 시대의 소음 위로 들려오는 역사의 속삭임이다.

우리 사는 세상

'글로벌 아빠 찾아 삼만리'라는 프로그램이 있었다. 대한민국에서 일하는 외국인 노동자들의 가족을 우리나라에 데려와 만나게 해주는 프로그램이다. 어렸을 적 『엄마 찾아 삼만리』라는 책을 너무 감명 깊게 읽었던 기억이 있어 프로그램 제목만 보고 시청하게 되었는데 어느덧 습관적으로 보는 매니아 수준의 시청자가 되었다. 사실 이야기야 뻔한 건데 후반부에 가족의 상봉 장면과 공항에서의 이별 장면은 볼 때마다 눈시울이 시큰해진다. 소중한 사람과 뜻하지 않은 조우의 카타르시스와 이별의 슬픔을 보고 감동하지 않을 사람은 없을 것이다.

사람 사는 모습은 세계 어디서나 비슷한 것 같다. 남의 슬픔과 고통에 공감하면서 능력이 된다면 도움을 주고받고, 그렇지 않다면 아련한 마음이라도 전하고픈 아름다운 마음이 묻어나는 소박한 일상. 인간으로서의 도리를 다하려고 애쓰는 모습들! TV에 비치는 그들 고국의 모습도 우리가 경제 성장을 이루기 전의 시골 모습과 별반 다르지 않다. 가족의 구성이라든가 가옥의 형태와 구조 그리고 한 지역 사회를 이루는 이웃들의 정겨운 모습들. 아빠가 한국으로 떠난 집도 마을도 일상을 유지한 채 돌아가고 있다. 아빠에 대한 그리움으로 가득한 빈자리만 제외한다면….

이 모든 걸 뒤로한 채 아빠는 한국에 왔다. 돈 벌러. 그 돈을 가지고 가족에게 더 나은 삶을 살게 하려고. 가족이 편안하고 행복할 수 있다면 한 집안의 가장으로서 못할 일이 뭐가 있겠는가! 나를 이국땅까지 몰아낸 게 불행이라면, 그 나라에는 못할 일 그 자체가 없다는 게 불행이겠지. 우리나라에서 그들에게 제공되는 일자리란 어떤 것일까? 우리나라 사람들이 기피하는 일이 대부분이다. 소위 말하는 3D산업이라는 것. 위험하고 더럽고 힘들다는. 같이 일하는 동료들이 대부분 60이 넘은 활기 잃은 일터에서, 어색한 숨소리 뱉어내며 묵묵히 해야 하는 일. 문제가 근로환경이든 보수든 우리가 외면하는 그 일을 해야 한다. 언어장벽과 편견이라는 형태로 나타나는 차별까지 견뎌내며. 텃세 심한 타향살이도 만만치 않은데 모든 것이 생소한 타국에서의 일이라니. 이 힘든 삶을 버티게 해주는 것은 오직 본국에 있는 가족이다. 매일 일 끝나고 그리움을 달래보는 영상 통화. 편지에 비할까마는 안아줄 수도 뽀뽀 한 번 해줄 수도 없는 정겨운 얼굴들.

'짧은 만남 긴 이별'이라도 떨어져 있던 가족과의 만남은 얼마나 즐거운 일인가! 특히 예상치 않은 만남이라면, 군대에서 뜻하지 않은 면회처럼. 손꼽아 기다리는 설레임 없이 찾아와 준 세상에서 제일 소중한 사람들. 처음 타봤을 비행기에 오지에 위치한 직장. 과정이 뭐가 대수리요. 이 반가움을 이 벅찬 감동을 표현해낼 시인이 있을까? 뭘 해도 행복하기만 할 이 시간에 아내가 준비한 음식은 어디에 비할까? 고향의 냄새와 사람들의 마음이 깃든, 한국에 오기 전 아무런 감정 없이 먹던 이제는 목이 메는 음식. 이국적인 모든 것이 신기하기만 한 아이들을 데리고 바다로 간다. 내륙국가이기에 처음 보는 바다. 발 담그기에 앞서 물맛부터 본다. 짠 물맛 이외에 바다라 걸 증명할 다른 수단은 없을까? 친구들에게 자랑해야 하는데. 아이들 노는 모습을 바라보며 교환하는 그윽한 눈빛. '시간이 여기서 멈춰졌으면, 이게 꿈이라면 깨지 말았으면'하는 마음으로 보낸 며칠은 찰나보다도 짧다.

얼마나 아름다운 장면인가! 우리가 외국인 노동자들을 무시하고 차별할 이유는 그 어디에도 없다. 우리도 그런 슬픈 역사가 있다. 서독에 파견된 광부와 간호사가 그랬고, 열사의 나라 사우디아라비아에서 건설 노동자들이 그랬다. 입장을 바꿔 생각해 본다면 바로 답이 나오는 일이다. 꿈을 찾아 우리나라에 온 누군가의 아빠 남편인 그들을 보듬지 못할 이유가 뭔가. 세상은 혼자 살 수 없으며 홀로서기가 힘들면 기대서라도 서야 하고, 기대서 서야 하는 사람이 있다면 우리는 기꺼이 어깨를 내주어야 한다.

사람은 누구나 태어나면서부터 하늘로부터 인권을 부여받는다. 그 권리는 차별받지 않고 행복한 삶을 살 권리일 것이다.

그 권리는 누구에 의해서건 어떤 힘에 의해서건 침해당하면 안 될 소중한 가치이다. '인간으로서의 권리'라는 '인권'이란 거창한 게 아니다. 그 핵심에는 약한 사람을 보호하고 배려하는 인간애가 있다. 우리가 지금 여기서 할 수 있는 일이 분명히 있다면 그 일을 뒤로 미루거나 다른 사람에게 떠넘겨서는 안 될 일이다. 사랑은 지금 내 곁에 있는 사람에게 보여주는 감정이다. 우리가 함께 사는 세상 모두에게 행복한 세상이었으면….

바보 빅터

오랜만에 감동적인 성장기 소설을 읽었다. 2000년대 초반 '마시멜로 이야기'로 세계적인 센세이션을 일으켰던 호아킴 데 포사다의 소설 '바보 빅터'가 그것이다. 책의 내용도 내용이지만 군데군데 우리에게 전하는 메시지가 너무 좋았다. 성공과 실패에 대한, 그리고 섣부르게 누군가를 규정하는 일과, 당사자가 당해야만 하는 고통을 중심으로 전달하는 교훈이 인상적인 책이다. 그리고 이야기는 주인공들이 본래의 모습을 찾아가는 것으로 끝맺는다. '네 자신이 되라.', '자신을 믿어라.'는 강한 메시지를 주면서.

책은 바보 빅터와 못생긴 로라, 그리고 그들의 선생님 레이첼을 중심에 두고 이야기를 풀어나간다.

'17년 동안 바보로 살았던 멘사 회장 이야기'가 부제로 붙어 있는 만큼 이 책의 주인공은 바보 빅터다. 동작이 굼뜨고 말더듬이인 빅터는 동급생들 사이에서 놀림감이다. 거기다가 IQ가 73이라는 사실이 우연히 알려지면서 빅터는 학교생활이 더욱 어려워지고 고등학교 진학을 포기하고 아버지를 도와 자동차 정비소에서 잡일을 거든다. 우연히 광고탑에 게시된 수학 문제를 풀고 세계 최고의 기업 애프리에 입사하게 되지만 자신을 고용한 테일러 회장의 퇴진으로 빅터도 회사를 나온다. 떠돌이 생활을 하던 빅터는 7년 만에 고향에 돌아온다. 빅터는 우연히 자신의 IQ가 173이라는 사실을 알게 된다. 그 후 그는 멘사 회장이 된다는 이야기이다.

자신의 IQ가 173이라는 사실을 알게 된 빅터는 말한다. "난…, 바보가 맞았어." 잃어버린 17년. 그동안 숫자에 속았고, 세상에 속았다. 하지만 인생의 책임은 타인의 몫이 아니었다. 빅터는 이제야 깨달았다. 자신의 잠재력을 펼치지 못하게 만든 장본인은 바로 빅터 자신이었다는 것을, 자기 스스로 자신을 바보라 여겼음을. 남이 아닌 내 인생인데 정작 그 삶 속에

'나'는 없었다. 그저 세상이 붙여준 이름인 '바보'로만 살았던 것이다. "난 정말 바보였어. 스스로를 믿지 못한 나야말로 진짜 바보였어…."

이 책이 전하는 핵심 메시지이다. 자기 자신이 되어 자신의 인생을 산다는 것은 얼마나 힘든 일인가 그리고 아름다운 일인가!

작가를 꿈꾸는 여자 주인공 로라는 외모 콤플렉스를 달고 살아가는 여학생이다. 그것은 그가 성인이 되어서도 바뀌지 않는다. 오히려 모든 면에서 그를 옥죄는 치명적인 결점으로 작용한다. 자신감과 자존감 없이 살아가는 삶은 얼마나 사람을 지치게 만드는가! 주변의 대인 관계는 물론이고 애써 노력한 결과물이 실망스러울 때마다 느끼는 자괴감의 바탕에 콤플렉스가 있다. 나 자신도 소중하게 여기지 않는 나를 누가 존중해 주겠는가! 성인이 되어 집에서 독립해 나가는 것이 목표였던 소녀에게 사회생활인들 평탄할 리가 없다. 출판사에 보내는 작품마다 거절당한다. 자신이 행복할 자격이 없다고 느끼는 사람에게 '행복은 무지개 너머 어딘가에 있다.'고 꿈조차 꿀 수 없는 어떤 것이었을까? 남편은 "당신은 날 지독한 패배주의에 빠지게 했어."라는 말을 남기고 떠난다.

로라는 어렸을 때 유괴당한 적이 있다. 부모는 로라가 예뻐서 유괴당했다고 생각한다. 그때부터 부모는 로라를 못생긴 아이 취급하고 로라는 스스로 못생겼다고 생각하며 살아간다. 나름 로라를 지키기 위한 고육지책으로. 로라의 의지와 아무 상관없이. 딸의 인생이 어떻게 왜곡되는지 생각지도 않은 채 오직 딸을 지키겠다는 일념으로. 로라는 출판할 책에 넣을 구절로 자신의 생각을 대변한다. "당신이 남의 말을 듣고 꿈을 포기했다면, 성공할 자격이 없는 겁니다."

레이첼 선생님은 빅터와 로라를 학생 때부터 지켜본 선생님이다. 빅터의 IQ가 73이라는 사실을 알고 그 사실을 숨기려고 애썼으나 우연히 그 사실이 퍼져나갔다. 17년 전 빅터를 저능아로 믿어 의심치 않던 로널드 선생님의 눈에는 빅터의 IQ 평가표에 적힌 173이라는 숫자가 73으로 보였다. 그게 사건의 전부였다. 단지 누락된 한 자리 숫자로 인해 빅터는 바보로 살았다. 로라의 경우와 같지 않은가? 둘은 자신의 운명에 도전하고 개척하려는 의지 없이 17년을 살았다. 하지만 레이첼은 자신의 책을 받아주는 출판사가 없자 직접 출판사를 차려 자신의 책을 출판한다.

세상엔 자신을 받아주는 회사가 없다고 불평을 하는 사람이 있는가 하면, 그런 곳을 만들면 된다고 생각하는 사람이 있다. 레이첼 선생님도 테일러 회장도 자신이 가고 싶은 길을 간 것이다.

성장기의 청소년들에게 당부하고 싶다. 스스로 자기 자신을 자기를 부정적으로 규정하는 일이 있어서는 안 된다. 포기는 세상에서 가장 쉬운 선택이다. 자기 자신을 믿고, 자기 자신이 되어 인생을 자신 있게 살아라.

에필로그

　모든 끝맺음은 성취감과 아울러 허탈감을 동반한다. '이런 거였어?'하는 결과에 묻혀버리는 애썼던 과정. 더 이상 내 일이 아닌, 다른 사람의 평가를 받아야 하는 일의 또 다른 시작! 많은 아쉬움과 안타까움을 이제는 덮어야 할 시간이다.

　책 출간을 환갑에 맞추려고 했었다. 게으름 피우면서 서둘 이유 없는 일이라 미루다가 한 해가 늦었다. 그래도 한 해 더 늦지 않은 게 어디냐? 더 이상 시간이 내 편이 아니란 것을 안다. 시간이나 그에 따른 건강의 문제에 더해 뭔가를 조용히 정리해 보려 해도 그 조용한 시간을 내기가 쉽지 않다. 빠르게 변하는 시대에 보조를 맞추기는 더 어렵고, 생각이 다른 사람과의 만남은 노여움까지 수반한다. 그렇다고 넋 놓고 아집에 둘러싸여 꼰대로 늙고 싶지도 않다. 여태 그랬던 것처럼 관심 있는 일을 유심히 관찰하여 좋은 관계 맺음을 이어가고 싶다.

졸작을 출판하는 데 용기를 주신 주변의 모든 분들께 감사드린다. 계속 정진하는 모습을 보여드리는 것으로 그분들께 보답하고 싶다. 흐르는 시간마다 모두에게 생에 유익한 것이었으면 하는 작은 바람이다.

발문
해박한 지식을 바탕으로 한 개성의 시학

김순진(문학평론가 · 한국문인협회 이사)

민만기 작가가 나와 친구다. 직접적으로 같은 학교를 다닌 적은 없지만, 그는 나와 동기로서 같은 포천중·일고총동문회에 나간다. 일찍이 법무사로 활동하는 친구 안수일이 그가 글을 쓰고 있음을 알려주어서 알았고, 만화를 그리며 시조로 등단해 활발하게 글을 쓰고 있는 시인 박성환 친구가 그의 이름을 자주 입에 올려 그를 알게 되었다. 그러나 나는 배우지 않고, 전공하지 않고 쓰는 글이 얼마나 작품성이 있을 것인가에 대해 반신반의했다.

그런 그가 첫 저서를 펴낸다면서 원고를 보내왔다. 나는 그의 원고를 메일로 받아들고 무엇으로 한 대 얻어맞은 것처럼 멍하니 서 있었다. 다양한 관심사의 그의 글에는 해박한 지식이 있었고, 분명한 색깔이 있었으며, 명사형 종결어미로 말의 끝을 마무리하는 그만의 특유한 문장력을 선보이고 있었다. 그는 평범한 가장이지만 생각 있는 지식인의 전형을 보여주고 있었고, 그의 사유는 하나같이 대자연의 진리와 하늘의 순리를 거스르는 일 없이 마음가짐을 올곧게 가지고 있었다.

이 책은 『이쯤에서 쉼표 하나』가 표제다. 환갑을 넘긴 나이, 우리 나이로 63세의 민만기 작가가 이 책에서 전달하려는 메시지는 "60여 년간 살아온 인생을 되돌아보며 한 번쯤 뒤돌아보면서 잠시 조금 쉬어 가자."는 뜻일 게다. 그런데 많은 사람들은 그런 쉼표를 모른다. 마치 자신이 아직도 청춘인 줄 알고, 브레이크 없는 인생을 희망한다. 그러나 인생이 일장춘몽(一場春夢)이란 말이 있듯, 봄날에 한잠 자고 일어난 듯 금방 지나간 인생이다. 민만기 작가의 말처럼 "이쯤에서 쉼표 하나"는 비단 민만기 작가에게만 필요한 말은 아닐 것 같다. 적어도 환갑을 넘긴 사람이라면 모두 공감하는 말이며, 이쯤에서 내가 살아온 인생을 되돌아보면서, 그동안 내가 건강을 너무 자신하지는 않았는지, 아내에게는 잘했는지, 자녀들에게는 훌륭한 아버지였는지 한번 되돌아보자는 말일 게다.

민만기 작가는 독서 모임에 가입하여 매월 넷째 주 수요일마다 지정된 책을 읽고 토론에 참여한 지 14년이나 되었다. 10년이면 강산이 변한다는데 무려 14년째다. 그동안 그가 독서 모임에서 공동으로 읽은 책만 해도 200여 권에 육박한다. 독서 토론 모임이니 책의 선정 역시 문제작과 양서로 정해졌을 터, 그런 독서 토론 모임에 참여하는 자체만도 자신을 성장시키고 단단하게 했을 것 같다. 나는 민만기 작가의 책을 편집하고 교정하면서 그의 탄탄한 문장력과 해박한 지식, 그리고 그만의 특유한 화법이 어떻게 형성되었는지 숙제를 풀게 되었다.

민만기 작가는 술을 좋아한다. 나 역시 술을 좋아한다. 원래 술을 좋아하는 사람치고 악인은 없다고 했다. 술과 담배는 다 같이 개인의 기호에 따라 마시는 사람과 안 마시는 사람, 피우는 사람과 안 피우는 사람으로 나뉘지만, 술은 음식임과 동시에 사회생활의 큰 매개체로써 삼삼오오 둘러앉아 마시는 술에서 인정도 나고 사업도 확장되지만, 요즘은 담배를 피우는 사람이 확연히 줄어든 것도 사실이다. 술은 대화에도 좋고, 스트레스 해소에도 효과가 있지만 담배는 백해무익하기 때문이다. 나는 그동안 민만기 작가와 친해지고 싶었지만 그럴 기회가 적었다. 앞으로 이 책을 시점으로 그와 좀 더 술잔을 기울일 시간이 왔으면 좋겠다.

민만기 작가는 호불호의 표현이 확실한 사람이다. 그런 사람과 일을 도모하면 실패 확률이 감소된다. 그는 '사진이 싫다'고 말한다. 사람을 외모로만 판단하는 현대인들의 습관에서 비롯된 생각일 게다. 그의 생각에는 사진, 즉 외면보다는 내면이 아름다워야 한다는 생각이 앞설 것 같다. 그의 그런 개성은 작가의 등단제도에서도 나타난다. 그는 등단 같은 모순적 제도를 배척한다. "글을 쓰면 작가지 무슨 등단이 필요하냐?"는 것이 그의 생각이다. 나는 민만기 작가처럼 호불호가 분명한 사람을 좋아한다. 대상에 따라 무슨 덕이나 볼 심산으로 싫은 것을 좋은 것처럼 부화뇌동하는 사람 때문에 선의의 피해자가 생기는 것이다. 7명의 친구가 여행을 가려고 할 때 3명은 부산으로 여행을 가자고 했고, 3명은 설악산으로 여행을 가자고 했다. 그런데 나머지 1명은 누가 그에게 먼저 묻느냐에 따라 대답하는 사람이라 할 때 어제 부산에 다녀온 사람이 또 부산에 가는 일이 생기는 것이다.

몇 년 전부터 포천에는 석탄발전소가 건설돼 가동 중이다. 그 때문에 의정부를 넘어서서 포천·세종 간 고속도로를 달리다 보면 뿌연 스모그에 휩싸여 아무것도 보이지 않는 포천시를 볼 때마다 울화가 치민다. 청정 지역 포천에 화력발전소를 들여온 몰지각한 정치인과 그 추종자들은 대체 얼마나 주머니를 채우려고 무슨 생각으로 허가를 내주었는지 모르겠다. 그는 석탄발전소반대투쟁운동본부 사무국장으로 참여했다. 일반 회원도 아닌 사무국장으로 참여했다니, 그가 얼마나 중요한 역할을 했는지 알 수 있다. 나는 말로만 석탄발전소가 들어오면 안 된다고 했지, 민만기 친구처럼 직접 총대를 메고 선봉에 서지 못했다. 아마도 구한말 최익현 선생께서 일본의 왜구를 무찌르기 위해 분연히 일어섰던 그 마음이 민만기 작가가 석탄발전소반대투쟁운동본부의 사무국장으로 참여했던 마음과 일치했으리라. 그만큼 민만기 작가는 자신이 옳다고 생각하는 일이라면 죽음을 불사하고 해내는 사람이라 평가된다.

이상에서처럼 민만기 작가의 작품세계를 주마간산 격으로 훑어보았다. 이에 나는 친구이기 이전에 문학평론가로서 민만기 작가의 작품세계를 말한다면, 우선 그의 작품은 시와 산문을 넘나들며 감상과 현실의 경계에 선 자신을 돌아보고 있었다. 그는 책을 지식을 쌓는 일에 게을리하지 않고 있었고, 음악과 영화 등을 통해 예술적 감각을 체크하며 살고 있었다. 게다가 부모와 아내, 자녀 등을 최우선으로 생각하는 가장으로의 역할 또한 충실히 해내고 있어서 타의 모범이 되고 있었다.

민만기 작가는 물 맑고 산자수명한 고장 포천이 고향이다. 그는 포천에서 태어나 지금도 포천에 살고 있다. 일찍이 포천에는 신라시대의 최치원 선생으로부터 오성 이항복 선생과 한음 이덕형 선생의 고향, 그리고 민만기 작가의 글에도 나와 있는 "태산이 높다 하되 하늘 아래 뫼이로다…."로 유명한 조선 4대 명필 봉래 양사언 선생, 사육신 유응부 선생, 그리고 면암 최익현 선생과 동농 이해조 소설가가 그 정신의 맥을 이어왔고, 이제 우리의 차례라면 민만기 작가 같은 정신이 올바른 작가의 등장은 매우 고무적이다. 첫 작품집 출간을 진심으로 축하한다.

민만기 에세이

이쯤에서 쉼표 하나

초판발행일 2024년 11월 30일

지은이 : 민만기
발행인 : 김순진
편집장 : 전하라
디자인 : 김초롱
펴낸곳 : 도서출판 문학공원
등 록 : 2004년 3월 9일 제6-706호
주 소 : 우편번호 03382 서울 은평구 통일로 633
        녹번오피스텔 501호 스토리문학사
전 화 : 02-2234-1666
팩 스 : 02-2236-1666
홈페이지 : https://blog.naver.com/ksj5562
이메일 : 4615562@hanmail.net

※ 책값은 뒤표지에 있습니다.
※ 저자와의 협의에 의해, 인지는 생략합니다.